DISCOURS

DE

M. MÉZIÈRES

Paris. — Typographie Georges Chamerot, rue des Saints-Pères, 19.

DISCOURS

DE

M. MÉZIÈRES

PRONONCÉ

A L'ACADÉMIE FRANÇAISE

Le jour de sa réception, 17 décembre 1874.

PARIS

LIBRAIRIE ACADÉMIQUE

DIDIER ET Cⁱᵉ, LIBRAIRES-ÉDITEURS

35, QUAI DES AUGUSTINS

1874.

DISCOURS

DE

M. MÉZIÈRES

Avant de vous remercier de vos suffrages, permettez-moi, Messieurs, de reporter ma pensée vers ma patrie, vers la vaillante et malheureuse Lorraine, de tout temps si française, par sa langue, par ses mœurs, par son esprit d'initiative, par le caractère humain et généreux des œuvres qu'elle entreprend. Elle comptait déjà parmi vous un illustre représentant; vous avez ajouté au nom historique qu'elle vous envoya jadis le nom modeste d'un enfant de Metz, comme pour mieux lui montrer que votre sympathie s'accroît avec ses malheurs, comme pour conserver, à défaut de notre ancienne frontière politique, la frontière littéraire de la France.

Peut-être aussi vous êtes-vous souvenus, en m'appelant à l'honneur de siéger dans votre compagnie, que la Sorbonne vous avait donné mon éloquent prédécesseur. La faculté des lettres réclame M. Saint-Marc Girardin comme une de ses gloires ; il y continuait, par la popularité et par l'éclat de son enseignement, les traditions d'un âge héroïque dont le dernier représentant vient de s'éteindre, au milieu du deuil de la patrie, après vous avoir étonnés et charmés si longtemps par la jeune vigueur de sa vieillesse que sa mort, quoique prévue, vous a semblé prématurée.

M. Saint-Marc Girardin ne ressemblait cependant à aucun de ceux qui l'ont précédé. Il n'imitait personne ; son éloquence tempérée, sans se refuser au besoin les mouvements oratoires et les paroles émues qui entraînent les foules, se rapprochait plus volontiers de la familiarité aimable d'une conversation spirituelle. Ceux qui l'ont entendu ne peuvent oublier ce que la bonne grâce naturelle du professeur, l'art de bien dire et de bien lire, ajoutaient à l'agrément d'une parole simple, souvent enjouée et piquante, quelquefois pleine de feu, mais toujours maîtresse d'elle-même et assurée de plaire. Les leçons de M. Saint-Marc Girardin perdent nécessairement quelque chose à n'être point prononcées par lui ; elles se refroidissent sur le papier ; mais ce qui s'y conserve de science solide, de critique ingénieuse et de saine philosophie console le lecteur de n'avoir pu entendre le maître dans cet amphithéâtre de la Sorbonne où s'est réfugiée quelquefois la liberté de l'éloquence française.

Il restera de son enseignement plus qu'un souvenir, plus qu'une légende fidèlement transmise aux générations nouvelles par les générations anciennes. Son *Cours de littérature dramatique* durera aussi longtemps que seront estimées en France la délicatesse de l'esprit et la fermeté de la raison. Contemporain des luttes passionnées qui divisent les classiques et les romantiques, fort au courant des querelles littéraires du commencement de ce siècle, il se dérobe par le tour ingénieux de sa critique à l'obligation de prendre parti dans le débat. Pendant qu'on discute autour de lui sur des questions de forme, qu'on rétrécit ou qu'on étend les limites de la liberté, il ne s'attache qu'au fond des idées, et ne s'intéresse qu'à la valeur morale des productions poétiques. Qu'un drame embrasse vingt-quatre années ou vingt-quatre heures de la vie d'un homme, que le ton y soit constamment sérieux ou mêlé de bouffonnerie, peu lui importe ; il ne se fait le gardien d'aucune doctrine littéraire ; il n'estime que la vérité et le naturel des peintures ; il n'a d'autre superstition que celle du bon sens. Qu'il entende exprimer les sentiments éternels du cœur humain dans le langage le plus simple, il applaudit ; mais, à la moindre apparence d'affectation ou d'excès, il sourit ironiquement. Personne ne saisit mieux que lui les traits qui manquent de justesse et ne s'en moque de meilleur cœur. Ni l'engouement de ses contemporains, ni le bruit qui se fait autour des noms populaires, ne défendent contre son ironie ceux qui cherchent le succès par des moyens violents. On a beau lui parler de personnages et de sentiments extraordinaires, lui représenter qu'il y a des âmes étranges, accessibles à des passions que ne connaît pas le vulgaire, dont les emportements touchent à la fureur ou à la démence ; il se défie des monstres et soupçonne qu'on ne les lui montre que parce qu'on ne sait pas peindre les hommes. L'image matérielle des sensations et des instincts remplacera-t-elle jamais sur la scène l'expression des sentiments qui suffisaient aux Grecs et à Racine pour produire dans les âmes les émotions les plus dramatiques ?

La tragédie grecque ne supprime ni la douleur ni la passion ; mais elle n'en décrit pas les effets sur la santé ; elle laisse à la médecine les chagrins qui rendent malades et les passions qui rendent fou. Ne confondons pas les scènes d'hôpital avec les scènes dramatiques. M. Saint-Marc Girardin a trop peur d'être dupe pour tomber dans le piége de la fausse sensibilité ; il ne tombe pas davantage dans le piége de la mélancolie qui a été si à la mode, lorsqu'il était jeune, mais dont les langueurs ne convenaient guère à son tempérament vigoureux et à sa bonne humeur habituelle. Il réserve sa pitié pour des malheurs plus réels que ceux de Childe Harold ; il donne rendez-vous dans dix ans aux pâles ténébreux qui, à l'âge de la gaieté, maudissent la vie et appellent la mort comme une délivrance ; il ne désespère pas de vivre assez pour les voir mariés, pères de famille, contents de leur sort et florissants de santé. La littérature débile n'obtient pas auprès de lui plus de faveur que la littérature violente. Il n'estime que les œuvres saines, viriles, dont la lecture n'amollit et ne décourage personne.

Une autre séduction à laquelle de grands esprits n'ont pas résisté, dont les sociétés vieillies et blasées subissent facilement le charme, la séduction du paradoxe, ne détourne jamais M. Saint-Marc Girardin de la route simple et droite qu'il a résolu de suivre. Les idées fausses ou dangereuses qui s'introduisent dans le monde, sous un air de nouveauté, ne trouvent en défaut ni sa raison ni sa vigilance. Il en démêle tout de suite le caractère équivoque et en signale le péril. Ce n'est pas impunément que la rhétorique jette des fleurs sur les grands criminels, qu'on oppose aux vertus bourgeoises dont se contentent les honnêtes gens, à l'esprit de famille, à l'accomplissement des devoirs réguliers, un idéal de grandeur qui dédaigne les conventions vulgaires, des passions supérieures aux lois, des besoins qui ne se satisfont qu'aux dépens de la morale éternelle, des vices qui se décorent d'un beau nom, et dont on pare l'ignominie de toutes les magnificences du langage. La société qui applaudit chez les écrivains ce déréglement d'imagination en porte la peine tôt ou tard ; elle voit sortir de son sein, armés pour la détruire, les imitateurs pratiques de ces héros du drame et du roman dont elle admirait de loin, avec une complaisance qu'elle croyait sans danger, les théories audacieuses et les professions de foi hautaines.

Dans les anciennes pièces de théâtre, il suffisait d'un seul vice pour gâter beaucoup de vertus ; maintenant il suffit quelquefois d'une seule qualité pour absoudre de beaucoup de vices. « Encore cette vertu n'est-elle pas chargée de purifier l'âme pervertie où elle s'est conservée par hasard. Elle respecte soigneusement l'indépendance des vices qui veulent bien la souffrir près d'eux ; elle n'est même plus chargée d'inspirer l'intérêt aux spectateurs, car c'est le vice aujourd'hui qui inspire l'intérêt parce qu'on lui donne je ne sais quelle allure noble et fière qui vient des héros de Byron et qui séduit le public..... Il semble, ajoutait spirituellement M. Saint-Marc Girardin, que nous ayons le goût des ruines en morale, comme en architecture, et que nous aimions mieux ce qui est à moitié tombé que ce qui est resté debout. Aimons, j'y consens, ce qui reste encore de bon et de pur dans les âmes perverties, comme un témoignage de la dignité humaine qui ne peut jamais se perdre entièrement ; mais n'admirons les ruines qu'en souvenir de l'édifice, n'estimons pas le lambeau plus que l'étoffe ; prenons enfin dans le crime ce qui reste de vertu comme une excuse, et ne poussons pas la pitié qu'inspire l'excuse jusqu'au respect et jusqu'à l'admiration. »

N'être jamais dupe, ne l'être ni du présent ni du passé, ne se laisser ni éblouir par le faste des mots, ni séduire par les grâces caressantes de la rhétorique, conserver en toute circonstance la liberté d'esprit et le sang-froid d'un juge, dominer les entraînements de la sensibilité pour n'obéir qu'à la raison, telle fut la tâche que s'imposa M. Saint-Marc Girardin et qu'il accomplit heureusement, sans être obligé, pour y réussir, à aucun effort de volonté. Il était né d'humeur calme, peu sujet aux passions; le parfait équilibre de ses facultés le maintenait facilement au-dessus des tentations que des natures moins saines n'auraient point évitées. La famille d'honorable bourgeoisie à laquelle il appartenait l'avait élevé virilement; sa mère, femme d'un grand sens et qu'il eut le bonheur de conserver tard, avait traversé des temps difficiles, sans illusions, sans faiblesse, avec une clairvoyance courageuse et paisible; elle transmit à son fils les principes solides, la sagacité et la droiture d'esprit qui l'avaient aidée elle-même à tirer de la vie tout ce que la vie comporte. Il ne faut ni trop en attendre ni trop en désespérer. Afin de s'épargner les déceptions, le mieux est d'ouvrir les yeux de bonne heure, de se rendre compte de tout, de se tenir en garde contre les surprises de l'imagination ou des sens, de ne se laisser tromper ni par soi-même ni par les autres, et de juger les choses non pour ce que le vulgaire les estime, mais pour ce qu'elles valent en réalité. Un bourgeois, né à Paris et homme d'esprit, n'a pas de peine à penser ainsi; l'ironie un peu sceptique qu'il respire en naissant le préserve facilement de la crédulité et de l'enthousiasme. M. Saint-Marc Girardin naquit et resta bourgeois; les mœurs changèrent autour de lui, la vieille cité de son enfance se transforma, il demeura le même et s'en fit gloire. La qualité de bourgeois dont il se défendait quelquefois plaisamment, — mais, plus il s'en défendait, plus l'opinion publique continuait à la lui attribuer, — sous-entendait pour lui, avec les anciennes vertus domestiques, la liberté d'examen, le droit de se moquer de la sottise humaine et de se distinguer de la foule, non par la nouveauté, mais par la clairvoyance constante et la sagesse constante des opinions. Il consentait volontiers à ce qu'on l'accusât de retarder sur son temps, pourvu qu'on ne l'accusât jamais d'avoir été la dupe de son temps.

Lorsqu'il eut à traiter longuement la délicate question de l'amour, on devine dans quelles dispositions il le fit. On a rarement parlé du sentiment qui suppose le plus d'illusions avec moins d'illusions que n'en avait l'auteur du *Cours de littérature dramatique*. Les élans de l'amour chevaleresque, la théorie de l'union des âmes au-dessus des infirmités de la terre, dans la pure région de l'idéal, n'abusent M. Saint-Marc Girardin ni sur la fragilité d'un tel dessein ni sur les démentis que l'histoire donne au système. Dante aime platoniquement Béatrix et épouse Gemma Donati. L'amour chevaleresque a donc besoin, même chez les poëtes, d'être complété par un autre amour moins éthéré et plus réel. Pétrarque se confesse à saint Augustin d'avoir été condamné par la vertu et par la rigueur de Laure à un platonisme plus sévère qu'il ne l'eût souhaité; il n'eût pas demandé mieux que d'être moins platonique, il ne l'était d'ailleurs qu'avec Laure, comme le prouve sa double paternité. L'amour chevaleresque n'en inspire pas moins de généreuses actions, de grands dévouements, des sacrifices héroïques ; mais ne dites pas à M. Saint-Marc Girardin que c'est le commencement de l'amour de Dieu. Il connaît trop bien les Pères de l'Église, il est trop pénétré du sentiment chrétien pour rapprocher l'attachement intéressé qui s'adresse à la créature de la piété qui s'adresse au Créateur. Le propre de la religion est de nous détacher de nous-mêmes, tandis que l'amour humain nous ramène à nous à travers l'être aimé. L'amour platonique obtient bien des sacrifices, mais il ne se sacrifie pas lui-même, et c'est en cela qu'il se montre inférieur au renoncement qu'inspire la foi.

Votre confrère, Messieurs, n'a point passé toute sa vie dans l'enceinte d'une ville. L'été, il habite la campagne, il s'y installe en homme qui aime la terre ; il y possède des vignes, des prés, des champs. On ne lui en imposera point par des pastorales de convention où l'on placera dans la bouche de faux paysans l'expression d'une fausse sensibilité et d'une fausse délicatesse. Il a vécu au milieu des cultivateurs, il s'est entretenu avec eux, il sait ce qu'ils pensent et ce qu'ils disent ; aucun langage ne ressemble moins au leur que le langage langoureux de l'idylle. C'est le citadin qui apporte l'idylle à la campagne ; il ne l'y trouverait pas s'il n'arrivait aux champs avec des sentiments qu'a développés la culture de l'esprit et qu'ignorent les âmes naïves. La poésie des blés jaunissants qui fait rêver l'homme de la ville et lui inspire d'aimables comparaisons ne fait faire au paysan qu'un calcul d'arithmétique. Tandis que l'un s'extasie sur la couleur dorée des fruits de la terre, l'autre se demande combien de gerbes il rentrera dans sa grange et ce qu'il en tirera d'écus sonnants. L'herbe fine et douce sur laquelle se posent avec ravissement les pieds mignons des dames de la ville, que leur langue poétique compare à un tapis étendu sous leurs pas par la nature, c'est un pré qui gazonne et que son propriétaire mettra en luzerne l'année prochaine.

La critique serait incomplète si elle se contentait de saisir les ridicules, d'opposer des peintures exactes aux peintures infidèles, le langage durable de la raison aux raffinements, aux bizarrrries éphémères de la mode. Ce n'est même que la moindre partie de sa tâche. Elle n'est réellement féconde qu'à la condition de sentir la puissance du beau et d'en faire passer l'impression dans les esprits. M. Saint-Marc Girardin ne laisse rien échapper de ce qui est admirable sans nous le faire admirer ; impitoyable pour la fausse grandeur, il comprend tout le prix de la vraie. Sa pensée s'échauffe alors, son style s'élève ; les ornements et les procédés ingénieux disparaissent ; il ne s'agit plus de provoquer l'attention par le tour délicat de la phrase ni de la surprendre par le rapprochement imprévu des idées ; l'homme se laisse aller à l'émotion qui naît du sujet, et l'écrivain ne songe qu'à la traduire dans le langage le plus expressif. Les paroles se pressent sous sa plume, énergiques, inspirées, revêtues d'une couleur poétique, parsemées d'images brillantes. On croit l'entendre du haut de sa chaire dérouler de sa voix sonore une de ces périodes émues auxquelles ne résiste pas la froideur des assemblées, et qui pénètrent jusqu'au fond des âmes pour en arracher des transports d'admiration.

Écoutez-le parler d'Antigone, lorsque Antigone,

après avoir enseveli son frère Polynice malgré les ordres de Créon, oppose à la loi éphémère qu'invente le caprice ou la haine d'un homme les lois éternelles de la piété envers les morts : « Il y a près de deux mille cinq cents ans que ces paroles ont retenti dans Athènes, et, depuis deux mille cinq cents ans, elles ont vécu, ces lois qu'attestait Antigone, qui n'ont ni code, ni ministres, ni satellites ; elles sont restées immortelles à travers la fragilité des décrets humains, toujours favorables à l'humanité, toujours vengeresses de l'injustice. Non, personne ne les a vues naître ; personne non plus ne sait où elles reposent, ni du fond de quel abri inaccessible elles apparaissent tout à coup avec une puissance et une majesté souveraines. Tantôt, comme à Thèbes, elles sortent de la conscience d'une jeune fille qui n'a d'autre force que de savoir mourir, et, ce jour-là, elles s'appellent le respect de la sépulture ; tantôt, comme à Rome, elles crient contre les Tarquins ou contre les décemvirs avec le sang de Lucrèce ou de Virginie, et, ce jour-là, elles s'appellent la pudeur des femmes ; tantôt, enfin, elles paraissent avec les martyrs devant le tribunal des proconsuls, et elles s'appellent la foi ; car c'est leur privilége de s'appeler tour à tour des noms les plus beaux et les plus saints de l'humanité. »

La Fontaine, quoiqu'il ne paraisse écrire que pour notre agrément, est un des écrivains qui nous excitent le plus à penser. L'étude de ses fables offrait à M. Saint-Marc Girardin l'occasion naturelle de tourner vers la morale ces entretiens de la Sorbonne où les questions purement littéraires avaient toujours tenu moins de place que l'observation des mœurs. Les hommes se reconnaissent sans peine et reconnaissent encore mieux leurs voisins dans les portraits que le fabuliste trace des animaux ; ils attribuent des noms propres au lion, au renard, à l'âne, au loup, à l'agneau ; mais l'avantage qu'ont les animaux sur les hommes, c'est de fournir au moraliste des types permanents, invariables, connus de tous. Dès que vous nommez un personnage, vous limitez la leçon ; si vous remplacez l'homme par l'animal, la leçon se généralise et s'applique à tous les temps. Les conseils que donne la Fontaine, sous le couvert de la fable, conviennent aussi bien aux Français du dix-neuvième siècle qu'à ceux du dix-septième. Chacun peut les suivre de nos jours, d'autant plus aisément qu'ils n'exigent de nous ni efforts héroïques, ni vertus extraordinaires. La morale du bonhomme ne fera de nous ni des héros ni des saints ; elle nous parle d'expérience plus que de principes et de prudence personnelle plus que de dévouement ; elle nous engage à nous corriger des défauts qui nous nuisent, mais en nous laissant les défauts qui ne nuisent qu'aux autres. M. Saint-Marc Girardin nous demande davantage, sans trop présumer cependant de la faiblesse humaine. Il se contenterait à la rigueur de ce qui suffit au fabuliste. Une société d'où disparaîtraient la vanité du paon, l'ignorance de l'âne, l'astuce du renard, vaudrait mieux que la nôtre. Il y a surtout une qualité que nous enseigne la Fontaine et qui, dans tous les temps, garde son prix : le bon sens. C'est assez pour sa gloire d'avoir orné la raison de toute la grâce de l'esprit, de retrouver toujours, au milieu des caprices apparents de la poésie la plus libre, le sentiment de ce qui est vrai, la conscience de ce qui est juste. L'univers lui parle, et il en comprend l'harmonieux, le mystérieux langage, sans laisser absorber sa personne dans l'immensité des êtres, sans perdre la notion claire de son identité; les mœurs des animaux lui sont assez connues pour qu'il ne les fasse ni parler ni agir hors de leur caractère, et cependant il les identifie si bien avec nous que nous croyons entendre des hommes. A tous les mérites de ses prédécesseurs, à la sobriété, à la précision, à la justesse, il ajoute le naturel inimitable du style, l'art de dire autrement, avec un tour plus heureux et plus vif, ce que d'autres ont dit avant lui. On ne remarque l'insuffisance de sa morale qu'après avoir admiré sa supériorité en tout le reste et comme pour laisser à ses sucesseurs quelque espoir de nouveauté.

Le cours de poésie française de la Faculté des lettres amena un jour votre confrère à parler de Racine. Suivant sa coutume, il s'exprima en moraliste; il rechercha surtout à quel état nouveau des esprits, à quelle nouvelle manière de sentir répondait une tragédie telle qu'*Andromaque*. Est-il vrai que l'amour avant Racine n'ait parlé au théâtre et dans les romans qu'une langue de convention, que l'art d'aimer érigé en doctrine chevaleresque, soumis à des règles aussi absolues que celles du point d'honneur, ne se soit prêté que difficilement au libre jeu de la sensibilité? Racine est-il le premier qui ait introduit la vie dans ces cadres artificiels et animé de passions sincères des personnages émus? Chimène et Camille n'avaient-elles pas déjà senti l'amour comme une souffrance, Pauline ne l'avait-elle pas combattu comme une faiblesse? L'originalité de Racine ne serait-elle pas d'avoir donné au sentiment, non un caractère plus vrai, mais plus de tendresse et de pathétique? Corneille peint surtout des âmes fortes, Racine des âmes faibles; l'un leur attribue assez de force pour qu'elles puissent résister aux assauts de la passion, l'autre fait sortir leur douleur de leurs fautes et mêle à la souffrance que leur cause leur infortune le remords de l'avoir méritée.

Les auditeurs de la Sorbonne reçurent les premières confidences des nombreux articles que M. Saint-Marc Girardin écrivit sur J.-J. Rousseau dans la *Revue des Deux-Mondes*, et que la piété de sa famille réunit aujourd'hui en deux volumes. Il y a là des pages qui suffiraient à préserver de l'oubli la mémoire de votre confrère, lors même que d'autres titres ne le recommanderaient pas à la postérité. On peut dire beaucoup de mal de Rousseau à la condition d'en dire aussitôt beaucoup de bien. Commençons par le mal; le bien aura son tour. L'écrivain qui a jugé la société moderne avec le plus de sévérité et qui s'est jugé lui-même avec le plus d'indulgence trouve dans M. Saint-Marc Girardin un juge sans illusions qui lui demande compte à son tour de ses rigueurs envers les autres et de sa complaisance pour ses défauts. De toutes les réformes que ce grand réformateur nous propose, celle dont il parle le moins et qu'on est tenté de lui demander le plus, c'est celle de son caractère. Lorsqu'on le voit se donner tant de peine pour régénérer l'homme et pour refaire l'État, on voudrait qu'il employât à se corriger lui-même la sagacité de son analyse et la vigueur de sa dialectique. Mais les esprits solitaires et orgueilleux s'appliquent rarement les leçons qu'ils donnent. Les descendants de Rousseau, fidèles aux exemples de leur maître, sinon à son génie, continuent à nous offrir des solutions pour tous les problèmes, des remèdes pour tous nos maux, remettent en question ce que le temps a établi, ce que l'expérience a consacré, et se hâtent de douter de tout avant de douter d'eux-mêmes. Je pardonnerais plus volontiers à Rousseau ses paradoxes que ses disciples. Comment oublier, en le lisant, que nous lui devons la contagion d'une maladie nouvelle, plus fatale à la France que nos vieux préjugés, source première de nos révolutions et de nos désastres, la maladie du *moi?* Tous ceux qui se croient plus de droits que de devoirs, qui invoquent le bénéfice de sentiments extraordinaires, qui se considèrent comme des êtres à part, affranchis de la loi commune, d'un tempérament plus délicat et plus susceptible que le vulgaire, descendent en droite ligne de l'auteur des *Confessions*. Il a peuplé le monde d'âmes incomprises et de citoyens déclassés.

Il l'a aussi peuplé de prétentions. Lui-même prétend tout renouveler. M. Saint-Marc Girardin oppose spirituellement à l'ambition de ses projets le néant des résultats. Suivant Rousseau, on avait mal compris jusqu'à lui la nature de l'homme ; on développait avec excès l'intelligence humaine ; qu'on revienne aux soins du corps, et l'humanité retrouvera sa vertu primitive. Ce magnifique système nous ramène en réalité à l'innocence des brutes ; l'idéal qu'on nous propose, c'est le triomphe de l'instinct, c'est la vie sans la pensée, c'est le travail toujours semblable du castor, de la fourmi, de l'abeille. Puisque le grand mal que combat le philosophe, l'inégalité des conditions humaines, a pour cause l'inégalité de l'éducation, moins les hommes penseront, plus ils seront près d'être égaux. On croyait auparavant que le véritable signe de la supériorité de l'homme, ce qui le distinguait des animaux, c'était la faculté de réfléchir. On se trompait, le mal commence au contraire avec la réflexion ; l'homme qui pense est un animal dépravé ; dès qu'il réfléchit, il est perdu, il sort de l'état de nature, il introduit l'inégalité dans le monde par la disproportion des intelligences. Le dernier mot de la réforme inaugurée avec tant de pompe et si solennellement annoncée, c'est d'inviter l'humanité à prendre désormais pour type un sauvage bien portant.

Renonce-t-on à cette chimère pour se résigner à l'éducation de l'enfant, au prix de quels efforts, dans quelles conditions d'invraisemblance l'élèvera-t-on? Pour que l'éducation d'Émile réussisse, il faut qu'Émile habite un château isolé, que personne n'y pénètre, que l'élève n'entende d'autre voix que celle du maître, ne reçoive que des exemples autorisés par lui. Une conversation de quelques minutes avec un étranger pourrait détruire l'effet de plusieurs années de précautions. Émile ne doit apprendre ce qu'il lui importe le plus de savoir qu'à une époque déterminée, dans des circonstances prévues ; s'il le sait trop tôt ou trop tard, l'échafaudage s'écroule. Que de subtilités, d'autre part, et que de complices ! Par quel tour de force la série des drames domestiques qui initieront le jeune homme aux réalités de la vie se développera-t-elle sans accident ? Le moindre hasard dérangera tout. Ne pourrait-on l'instruire à moins de frais ? Lui faut-il un décor pour chaque leçon ? Ne comprendra-t-il la beauté de l'Évangile que si le soleil se lève en face de lui sur les cimes des Alpes ? Rousseau nous annonçait un moyen infaillible d'élever les hommes, et voilà que son procédé ne sera peut-être applicable qu'une seule fois en un siècle.

Que ferait-on d'ailleurs d'un homme tel qu'Émile dans un État tel que l'organise le *Contrat social?* La supériorité de son éducation lui inspirerait un sentiment de sa dignité et de ses droits, peu compatible avec l'esprit de soumission absolue que Rousseau exige de chaque citoyen. A quoi bon développer les facultés intellectuelles dans un système de gouvernement où la souveraineté de l'État anéantit l'individu ? Si la volonté du peuple est tout, si la liberté individuelle de penser et d'agir n'est plus protégée par ces lois de l'éternelle justice qui n'ont pas de représentant sur la terre, qu'il n'appartient à aucun pouvoir, ni peuple, ni souverain, de confisquer à son profit, tout ce qu'Émile a appris ne servira qu'à faire de lui un factieux, à moins qu'il ne devienne un dictateur.

Les erreurs de Rousseau nous rendront-elles insensibles aux puissantes qualités de son esprit, à la force de son langage, à tant de sentiments nobles qu'il exprime souvent avec éloquence, quelquefois avec charme ? N'a-t-il pas compris mieux que personne en France la vie de la nature, la mystérieuse poésie des champs et des bois; n'a-t-il pas entendu le premier cette voix universelle qui s'élève à certaines heures du sein de la terre et qui parle de l'infini au cœur de l'homme ? L'âme que remue si profondément le spectacle des choses, qui de l'arbre ou de la fleur remonte sans effort à celui qui les a créés, ne garde-t-elle pas, malgré ses souillures, la trace lumineuse de sa divine origine ? L'honneur éternel de Rousseau sera d'avoir ramené en triomphe, au milieu d'une société frivole et incrédule, des sentiments que l'ironie mondaine en exilait. L'amour, que les romans de Crébillon fils rabaissaient jusqu'au libertinage, se relève et s'épure dans la *Nouvelle Héloïse*. Julie ne remplace pas seulement la galanterie par la passion; elle ennoblit les dernières années de sa vie par la sincérité de son repentir, par sa défiance de ses forces, par l'humilité de son recours à Dieu. Fiez-vous à votre âme, qui est pure et forte, fiez-vous à votre vertu, lui disent son mari et son amant ; plus on lui parle de sa force, moins elle y croit; elle sent qu'elle succombera de nouveau si une main divine ne la soutient et ne la sauve. L'*Émile* nous introduit dans un monde moral qui n'a pas encore la beauté du monde chrétien, mais qui n'a plus la légèreté du siècle ; il nous parle de devoir et de règle, tandis qu'on ne parlait ailleurs que de penchants et de plaisir.

La *Profession de foi du vicaire savoyard*, remettant en honneur des idées méconnues, fait passer du côté de la religion l'éloquence, la passion, le génie qu'on employait auparavant à déraciner des âmes jusqu'aux derniers restes du sentiment religieux. Une société qui a perdu le souci de la grandeur morale, mais où souffrent tous les cœurs qui ont besoin de croire, besoin d'espérer, entend enfin revendiquer comme un patrimoine nécessaire et impérissable de l'esprit humain les droits de la conscience, les droits de la liberté, la notion de l'existence de Dieu. Ces idées dont ne peuvent se passer les hommes, mais que le persiflage philosophique réduisait au silence, et dont une fausse honte retenait l'expression sur les lèvres mondaines, reparaissent avec éclat entourées de tout le prestige d'un nom et d'un style populaires. Ce ne sera pas encore la victoire du christianisme, mais ce sera déjà la défaite de l'incrédulité. Après Rousseau, on ne rougira plus de confesser sa foi, il deviendra plus embarrassant de ne rien croire que de croire à quelque chose. Tenez votre âme en état de désirer toujours qu'il y ait un Dieu, et vous n'en douterez jamais, disait le vicaire savoyard. Dès lors le doute ne ressemble plus à un acte d'énergie, à une démonstration de courage et de liberté d'esprit ; il ressemble, au contraire, à l'aveu d'une faute. Rousseau, du reste, malgré sa timidité et la gaucherie orgueilleuse qui le paralysaient souvent dans le monde, n'avait jamais permis qu'on touchât devant lui à l'idée divine. Un soir chez Mlle Quinault, voyant que la conversation prenait le tour d'un athéisme élégant, il interrompit tout à coup cette débauche d'incrédulité, très à la mode alors, en s'écriant d'une voix forte : « Si c'est une lâcheté que de souffrir qu'on dise du mal de son ami absent, c'est un crime que de souffrir qu'on dise du mal de son Dieu qui est présent, et moi, Messieurs, je crois en Dieu. » De telles paroles rachètent bien des erreurs ; en les citant, M. Saint-Marc Girardin oublie tout ce qui le sépare de Rousseau pour ne se souvenir que de tant de croyances, de tant d'espérances qui leur sont communes.

Les études littéraires de votre confrère s'achèvent ici encore par une leçon morale, mais par une leçon aimable autant qu'élevée et qui s'insinue dans les âmes, sans inquiéter l'amour-propre, en ornant les bons sentiments de toute la parure du beau langage et de toutes les grâces de l'esprit. C'est ainsi que M. Saint-Marc Girardin a pu acquérir parmi les étudiants une popularité de bon aloi, à laquelle il ne fut point insensible, mais qu'il n'acheta jamais en flattant la jeunesse. Aucune des illusions qui séduisent ou des passions qui entraînent les jeunes esprits ne reçut de lui le moindre encouragement. Pendant qu'à côté de lui, dans une enceinte voisine, deux professeurs célèbres enflammaient les imaginations par des paroles véhémentes, il demeurait populaire en restant modéré. Il vint un temps où des liens plus étroits se formèrent entre l'auditoire et le maître par la communauté des regrets et des espérances politiques. Le grand amphithéâtre de la Sorbonne contenait avec peine la foule qui se pressait aux leçons du jeudi pour saisir au passage de piquantes allusions : innocente vengeance de l'esprit contre la force, souvenir d'un temps où la parole avait été libre à une époque où elle ne l'était plus.

Ceux qui ont joui, pendant leur jeunesse, de la liberté de penser et de la liberté d'écrire, comme d'un droit naturel, se résignent difficilement au silence. M. Saint-Marc Girardin ne s'y résigna jamais. Professeur et journaliste, il eût doublement souffert de l'obligation de se taire. Le libre usage de la plume lui était aussi nécessaire que celui de la parole. Il continua donc à écrire dans le journal indépendant où il avait débuté, vingt-cinq années auparavant, par un coup d'éclat. Si une moitié de la vie publique de votre confrère appartient à la Sorbonne, l'autre moitié, Messieurs, appartient au *Journal des Débats*. C'est là qu'entouré d'amis que votre compagnie s'honore de compter dans son sein, il charma si longtemps la France lettrée par la grâce originale de son langage, sans la déconcerter ni l'effrayer par aucun de ces paradoxes dont la presse se sert pour irriter au besoin la curiosité publique. De vieilles vérités dites par lui paraissaient plus jeunes que des nouveautés dites par d'autres ; il excellait à les rajeunir comme pour montrer aux novateurs qu'il n'y a rien de plus nouveau que ce qui est ancien.

Comment choisir entre tant d'articles écrits au jour le jour, inspirés par les circonstances et souvent plus dignes de vivre que les événements qui les ont fait naître ? A deux reprises, M. Saint-Marc Girardin en a fait lui-même un choix où il s'est montré plus sévère que nous ne l'aurions voulu. Ce qu'il nous donne ne nous dédommage qu'imparfaitement de ce qu'il ne nous donne point; c'en est assez néanmoins pour nous faire admirer chez lui autant de qualités morales que de qualités d'esprit. Dire qu'il est spirituel serait trop peu dire; il a défendu ses opinions avec un courage, avec une constance, avec une modération qui méritent tous les respects. La presse, telle qu'il la comprend, doit son autorité et l'influence qu'elle exerce moins encore peut-être à la liberté du langage dont elle se sert qu'aux limites qu'elle s'impose. Elle n'a pas besoin d'être avertie par la loi du danger de tout oser; elle n'ose rien dont elle puisse rougir, rien qu'elle puisse regretter après la chaleur du combat. Sévère pour les idées, elle ménage les personnes et ne se permet envers ses adversaires aucun procédé qui les offense.

Quelle a été, Messieurs, la politique ainsi défendue par votre confrère? Celle du grand parti libéral qui, après avoir formé sous la Restauration l'opposition constitutionnelle, conquit le pouvoir avec le gouvernement de Juillet, et le garda jusqu'en 1848. Ce libéralisme n'avait rien de révolutionnaire; il avait voulu avertir, non renverser la monarchie légitime, et, lorsque le trône devint vacant, il y plaça le roi Louis-Philippe dans une pensée d'ordre, par esprit de conservation. M. Saint-Marc Girardin resta fidèle aux convictions de sa jeunesse; mais, par cela même qu'il n'en voulut point changer, il lui arriva de se trouver tantôt en avance, tantôt en retard sur les gouvernements qui changeaient. Sous la Restauration et sous le second Empire, il parut plus libéral que conservateur; sous les deux républiques, au contraire, il parut plus conservateur que libéral. Ce n'était point lui qui modifiait ses idées, c'étaient les conditions du pouvoir qui se modifiaient autour de lui. Quand il croyait la liberté en péril, il défendait la liberté; quand il croyait l'ordre menacé, il défendait l'ordre; conséquent avec lui-même, et, en politique circonspect, se portant d'instinct au secours des points faibles. Il a pu ainsi sans contradiction commencer sa vie politique dans les rangs des libéraux et la terminer dans les rangs des conservateurs. Il n'en faudrait pas conclure qu'en 1827 il n'aimât pas encore l'ordre, et qu'en 1873 il n'aimât plus la liberté. L'homme demeurait le même; les temps seuls étaient changés. On le connaissait et on le jugeait mal lorsqu'on attendait de lui une autre conduite, lorsque, après l'avoir vu si touché, sous l'Empire, des inconvénients d'un pouvoir trop fort, on le croyait encore occupé des mêmes soins, au lendemain de la Commune.

Ses débuts dans la polémique avaient été éclatants; son premier article le rendit célèbre et décida de sa fortune politique. C'était en 1827, sous le ministère de M. de Villèle; Paris venait de nommer les candidats de l'opposition; pendant que la population parisienne se réjouissait de sa victoire, une bande de gamins parcourut les rues Saint-Denis et Saint-Martin en criant d'illuminer et en jetant des pierres dans les fenêtres qui ne s'illuminaient pas. « Vous abusez de votre victoire pour faire une émeute, » disait le ministère à l'opposition. — « C'est vous qui payez l'émeute pour déshonorer notre victoire, » répondait l'opposition. Les troubles furent réprimés sévèrement, et pour la première fois, depuis les journées de la Révolution, le sang coula dans les rues de Paris. Le jeune Saint-Marc Girardin, qui avait vu l'infanterie tirer des coups de fusil sur la foule et la cavalerie charger les groupes sans défense, rappela ironiquement aux vainqueurs de la rue Grenéta « le soleil d'Austerlitz », et, devant les civières qui portaient les blessés à l'Hôtel-Dieu, osa dire que « les bulletins de la grande armée s'affichaient maintenant à la Morgue ». Voilà ce qu'écrivait alors le plus modéré des libéraux, ce qu'applaudissait toute la société libérale. Mais qu'on ne se trompe pas sur l'intention : il n'y a là aucun encouragement à la révolte ; il y a le regret du sang versé, le sentiment d'une disproportion évidente entre la faute et le châtiment, et l'indignation qu'éprouve une opposition légale d'être confondue avec l'émeute. Le jeune homme qui parlait au ministère un langage si hardi était en même temps très-résolu à pratiquer, à prêcher le respect de la loi. La liberté qu'on avait conquise autrefois au bruit du canon et du tocsin, il entendait ne la conquérir que par des moyens pacifiques, par l'exercice régulier du droit de suffrage. La cause libérale eût pu être gagnée, en effet, sans effusion de sang, si M. de Martignac, qui avait remplacé M. de Villèle, se fût maintenu au pouvoir. M. Saint-Marc Girardin le souhaitait, quoiqu'il se reprochât plus tard de n'avoir pas assez défendu le ministère de transaction et de n'en avoir bien compris le mérite qu'après sa chute. On sait où devaient aboutir les généreuses tentatives que faisaient alors tant d'esprits clairvoyants, tant d'âmes patriotiques pour concilier les vœux de la nation avec le respect de la royauté ; s'ils échouèrent dans leurs efforts, s'il ne leur fut pas donné d'éviter la révolution qu'ils avaient prédite comme la conséquence inévitable du coup d'État, il faut leur rendre cette justice, qu'ils n'avaient épargné au pouvoir aucun avertissement, et que, le jour où s'engagea la lutte définitive, le signal du combat qui emporta la monarchie ne partit point de leurs rangs.

Avec la révolution de Juillet commençaient pour votre confrère de nouveaux devoirs ; jusque-là il avait combattu le gouvernement, il en devenait désormais le défenseur. Tâche difficile dans les pays libres où le pouvoir, attaqué chaque jour à la tribune et par la presse, a besoin d'avoir raison chaque jour contre ses adversaires, quelquefois même contre ses amis. Le nouveau gouvernement courait le double danger d'être entraîné par les passions populaires à trop de sévérité envers les ministres de Charles X et à trop d'indulgence pour le désordre. Parmi ceux qui l'avaient créé et qui se croyaient des droits sur lui, il y avait des hommes qui ne le supportaient qu'à la condition de ne point lui obéir. M. Saint-Marc Girardin disputa énergiquement la vie des ministres à l'émeute et demanda avec autorité qu'avant de se quereller sur les conditions du gouvernement, on commençât par en avoir un en rétablissant l'ordre dans les rues de Paris.

Les événements le rapprochèrent à cette époque d'un homme dont il ne partageait point les idées, mais dont le courage le frappa et qu'il jugea depuis lors avec une indulgente sympathie. Quoi de commun au premier abord entre le libéralisme prudent de M. Saint-Marc Girardin et les audaces de pensée du général la Fayette? L'un avait l'effroi de l'esprit révolutionnaire ; l'autre, qui avait commencé sa vie par une révolution, eût mis l'Europe en feu pour la régénérer ; l'un ne croyait qu'à la vertu des progrès lents, réguliers, pacifiques ; l'autre avait plus de foi dans l'efficacité triomphante des mouvements populaires que dans les combinaisons timides des politiques. Mais il y avait un point où tous deux se rencontraient : c'était le sentiment profond qu'on ne peut séparer impunément la politique de la morale, et que le spécieux prétexte de la raison d'État n'autorise ni ne justifie les crimes commis en son nom. Le jour où M. Saint-Marc Girardin vit le général la Fayette exposer une vie qui n'avait jamais été ménagée et une popularité, plus douloureuse à perdre que la vie, pour sauver les ministres du roi Charles X, il se rappela cette journée du 20 juin où le même courage et la même honnêteté résistaient déjà aux mêmes sophismes et aux mêmes passions. « Mon unique ambition, disait M. de la Fayette, était de voir mon pays juste et libre. Ce sentiment excluait toute complaisance pour les projets des factieux. Pour peu que j'eusse cédé, à quel point me serais-je ensuite arrêté? Avant de m'engager dans cette vaste carrière où, selon Cromwell, on ne va jamais si loin que lorsqu'on ne sait pas où l'on va, je m'étais interdit toute chance d'égarement en assignant d'avance les limites de l'obéissance et de l'autorité, du pouvoir légitime et de l'usurpation, en les cherchant, non dans les caprices de mon imagination ou dans les calculs de mon intérêt, mais dans les droits évidents, impérissables, de la nature et de la société. »

Je ne sais si M. Saint-Marc Girardin, en citant ces nobles paroles, n'éprouve pas autant de surprise de les rencontrer sous la plume d'un républicain que d'admiration pour l'honnête homme qui les écrit. Il comprenait et il admirait la grande république américaine ; il n'a parlé d'aucun roi avec plus d'estime qu'il ne parle de Washington ; mais, pour son compte, il s'en tenait à la liberté anglaise ; en France, il avait toujours peur de ne pas trouver parmi les républicains assez de la Fayettes et d'y trouver, au contraire, trop de partisans du 20 juin. L'âge ne le corrigea point de ces impressions de jeunesse. Il vécut assez néanmoins pour voir, à deux reprises différentes, des républicains défendre l'ordre et offrir leur poitrine à l'émeute. Il y a cela de consolant dans nos dernières guerres civiles que les divisions de partis s'effacent devant le danger commun, et que, le jour du combat, il ne reste plus en présence que les honnêtes gens d'une part, les égarés et les scélérats de l'autre.

Les gouvernements changent, mais les mœurs ne

changent pas. En 1814 une nuée de solliciteurs encombrait les antichambres des ministres de la Restauration ; c'était à qui ferait valoir auprès du roi légitime des services rendus en Vendée, des persécutions subies sous la Terreur, des souffrances endurées pendant l'émigration. L'année suivante, après Waterloo, même assaut de fidélité et de sollicitations. « Je ne sais pas comment cela se fait, disait un homme d'esprit, nous étions quinze cents à Gand et nous en sommes revenus quinze mille. » Dès le 16 août 1830, M. Saint-Marc Girardin, qui n'épargna jamais les ridicules, même dans son parti, signalait parmi les vainqueurs une nouvelle insurrection, l'insurrection des chercheurs de places. « Ils courent aux antichambres, disait-il, avec la même ardeur que le peuple courait au feu. Dès sept heures du matin, des bataillons d'habits noirs s'élancent de toutes les parties de la capitale ; le rassemblement grossit de rue en rue. A pied, en fiacre, en cabriolet, suant, haletant, la cocarde au chapeau et le ruban tricolore à la boutonnière, vous voyez toute cette foule se presser vers les hôtels des ministres, pénétrer dans les antichambres, assiéger la porte du cabinet..... Chaque département envoie ses recrues qui accourent successivement, impatientes, avides, jalouses et craignant toujours d'arriver trop tard. Les diligences, les pataches, les coches sont remplis ; les solliciteurs s'entassent dans les voitures, surchargent l'impériale ; les six chevaux des diligences soufflent et halètent, attelés à tant d'intrigues..... Paris ! Paris ! tel est le cri de toutes ces

ambitions qui fatiguent les routes et les postillons.....
Tout se remue, s'ébranle, se hâte, le Nord, l'Orient, l'Occident, et, pour comble de maux, la Gascogne, dit-on, n'a pas encore donné. »

Que de fois depuis lors ce spectacle s'est renouvelé! A quelque parti qu'il appartienne, ce que le Français désire le plus, c'est une place. Cette manie devint si forte après 1830 qu'on voulut placer même les morts. La Chambre discuta sérieusement pendant plus d'un mois pour savoir si le Panthéon serait rendu aux cendres des grands hommes, et à quelles conditions on serait reconnu grand homme. L'apothéose serait-elle mise aux voix ? Deviendrait-on grand homme à la majorité absolue ou à la majorité relative des suffrages? Pourrait-on introduire un grand homme par voie d'amendement? Toutes ces questions se posaient et se débattaient solennellement. Votre confrère égaya la France aux dépens des auteurs de propositions si frivoles et ne fut peut-être pas étranger à leur échec.

On a souvent reproché aux hommes d'État de 1830 de n'avoir point prévu la gravité de la question sociale, de n'avoir point soupçonné que, sous l'ordre apparent de la société, se cachaient parmi les travailleurs des germes de mécontentement et de haine près d'éclater. Le rapide développement de l'industrie ayant changé les conditions de l'équilibre économique, la véritable sagesse n'eût-elle pas consisté à s'occuper avant tout des classes laborieuses, à écouter leurs griefs, à adoucir, s'il se pouvait, leurs souffrances, à les intéresser au maintien d'un ordre social dont la stabilité dépend en partie de leur bien-être ? Si d'autres méritent ce reproche, il serait injuste de l'adresser à M. Saint-Marc Girardin. Il ne s'était mépris à l'origine ni sur le caractère, ni sur la portée des émeutes de Lyon ; il avait reconnu là un de ces mouvements populaires que les agitateurs politiques peuvent exploiter à leur profit, mais qui ne se produiraient pas s'ils ne répondaient à des inquiétudes ou à des souffrances réelles, si ceux qu'on pousse à la révolte ne se croyaient les victimes d'une organisation sociale défectueuse. Les insurgés qui inscrivaient sur leur drapeau cette douloureuse devise : « Vivre en travaillant ou mourir en combattant, » se battaient peut-être pour des chimères, mais non pour des chimères politiques ; ils ne demandaient ni un changement de gouvernement ni une part dans l'administration des affaires publiques, comme on essayait de le faire croire ; ils demandaient du travail et du pain. Pouvait-on, devait-on leur en donner ? La société avait-elle à leur égard des obligations particulières ? Était-elle tenue de veiller sur eux plus que sur d'autres ? S'ils souffraient, d'autres ne souffraient-ils pas également, sans se plaindre, sans rejeter sur personne la responsabilité de leurs malheurs ? Graves questions que M. Saint-Marc Girardin n'essayait pas de résoudre, mais qu'il signalait à l'attention des hommes d'État comme le grand problème politique de notre temps. Il se défiait par instinct des solutions générales ; il ne croyait à la vertu d'aucune de ces panacées que préconisent les utopistes et qu'exploitent les courtisans de la popularité ; il n'attendait d'aucun règlement ni d'aucune loi la suppression de la misère. Il avait plus de foi dans la bonne volonté de chacun, dans les efforts individuels, que dans les plus séduisantes théories. Là où les patrons seront humains, attentifs aux besoins des pauvres, pénétrés de l'esprit chrétien, là où les ouvriers seront économes, laborieux, patients, le mal ne disparaîtra point de ce monde, mais la somme des misères qui pèsent sur nous diminuera. Est-ce la société qui empêche les prolétaires d'acquérir, de posséder, de s'élever d'abord à l'aisance, plus tard à la richesse? Des milliers de propriétaires devenus riches n'ont-ils pas commencé par la pauvreté et par le travail des mains? Y a-t-il un seul bourgeois enrichi qui ne compte parmi ses ancêtres des ouvriers? Les plus grands ennemis des travailleurs ne sont-ils pas souvent les travailleurs? Avant de s'en prendre à la société de tous les maux qu'ils souffrent, ne devraient-ils pas s'en prendre à eux-mêmes? M. Saint-Marc Girardin protestait surtout contre ces raisonnements spécieux qui attribuent à une partie de la société tous les devoirs, à l'autre tous les droits. Il voulait bien qu'on parlât aux patrons de leurs devoirs, mais à condition qu'on en parlerait aussi aux prolétaires, qu'on ne représenterait pas ceux-ci comme investis de droits supérieurs qui les dispenseraient du bon sens, de la raison, de la patience, de l'ordre, de toutes les vertus sans lesquelles la philanthropie n'est qu'un mot et les lois les plus favorables aux travailleurs ne sont que des chimères.

Quoique souvent occupé de politique intérieure,

M. Saint-Marc-Girardin, qui aimait l'histoire et qui la connaissait bien, qui l'avait professée, trois ans, comme suppléant de M. Guizot, qui la représenta même, sous le gouvernement de Juillet, au conseil royal de l'instruction publique et dans les jurys d'agrégation, ne fuyait pas les questions de politique étrangère. Il parlait volontiers de l'Allemagne qu'il avait visitée, où il avait connu Hegel dans sa gloire et Gœthe à son déclin ; plus volontiers encore de l'Orient, théâtre douloureux d'une lutte de races qu'il paraît plus facile à la diplomatie européenne d'entretenir que de terminer. Le fond du caractère français se compose si naturellement de générosité chevaleresque et de sympathie pour ceux qui souffrent que les esprits les plus positifs, le plus dégagés de toute sentimentalité politique, ne peuvent s'empêcher d'être émus lorsqu'une injustice s'accomplit, fût-ce sur une terre lointaine, dans des lieux auxquels ne les attachent ni intérêt personnel ni intérêt national. L'avantage de la France, quand il s'agit de l'Orient, a toujours été de ne rien demander pour elle-même, de ne défendre que la cause générale de l'humanité, de n'ouvrir aucun avis qui parût intéressé. D'autres ont contribué au combat de Navarin et participé, comme nous, à la création du royaume de Grèce; échappent-ils, comme nous, au soupçon d'avoir mêlé à ces actes de justice quelques pensées ambitieuses, quelques secrètes espérances? M. Saint-Marc-Girardin ne cherche en Orient aucune occasion de profit pour notre politique ni de triomphe pour nos diplomates ; il n'est touché que d'un seul intérêt, de l'intérêt des populations chrétiennes. Avant tout, que celles-ci soient libres de régler, comme elles l'entendront, leurs différends avec les Turcs; qu'on ne les empêche point d'agir quand elles jugeront le moment favorable; qu'on leur reconnaisse le droit de combattre en champ clos pour leur indépendance; qu'on ne leur impose point comme un dogme l'intégrité de l'empire ottoman, c'est-à-dire une servitude sans fin et des malheurs sans limites.

Si cette politique humaine avait été suivie, il y a longtemps que l'empire turc, attaqué à la fois sur le Danube, en Albanie, en Thessalie, en Épire, en Crète, hors d'état de se défendre sur tant de points différents, sans finances, sans routes, sans marine, sans organisation administrative, aurait mis bas les armes devant les populations chrétiennes.

Ils le comprenaient bien, ces jeunes Roumains qui ont honoré de leur reconnaissance la tombe de votre confrère. Elles le comprennent aussi, ces populations helléniques qui lui avaient accordé le droit de cité, que j'ai entendues dans d'humbles villages, au pied des hautes montagnes, au fond des vallées écartées, prononcer son nom avec respect en l'associant au noble nom de Fabvier. M. Saint-Marc Girardin méritait d'être aimé des Grecs; il les aimait, il aimait leur histoire, leur poésie, leurs arts, la ressemblance lointaine des mœurs modernes et des mœurs anciennes, la persistance des mêmes qualités et des mêmes défauts dans la même race; il aimait leur pays qu'il avait visité, d'où il rapporta de poétiques souvenirs, et dont les sites qu'on n'oublie point se représentaient à son esprit pendant qu'il commentait les tragédies de Sophocle : « Beau pays, que mes yeux ont vu, qu'ils n'oublieront jamais, et dont ils aiment à évoquer le souvenir pour éclairer les brouillards de notre ciel; montagnes, qui vous transfigurez dans une auréole de lumière; îles charmantes, mer azurée, qui faites de la terre et des eaux le plus gracieux mélange que puisse rêver l'imagination des hommes; fontaines, dont l'onde est aussi pure que l'air dont elle tempère la chaleur; fleuves, qui remplacez vos eaux que tarit l'été par la verdure et la fleur des lauriers-roses; clarté du ciel surtout, clarté pleine de pourpre et d'or, qui dessines et qui dévoiles tout dans un pays où l'art et la nature ont une beauté et une grâce qui n'ont jamais besoin des ménagements du demi-jour; douce vue, aspects chéris, qui deviez en effet rendre la vie plus regrettable aux mourants; c'est vous qui serviez de décorations aux théâtres antiques; c'est vous qui enchantiez les yeux des spectateurs, tandis que les vers de Sophocle et d'Euripide enchantaient leurs esprits! »

La politique, qui avait été douce à M. Saint-Marc Girardin sous le gouvernement de Juillet, qui l'avait porté jeune à la Chambre, sans engager sa conscience dans aucun débat douloureux, réservait à sa vieillesse de pénibles épreuves. Lorsqu'au mois de février 1871, la France envahie et vaincue commença à reprendre possession d'elle-même par des élections libres, le département de la Haute-Vienne, qui avait élu autrefois votre confrère, qui ne l'avait point oublié sous l'Empire, l'envoya à l'Assemblée nationale sans qu'il eût sollicité ni même souhaité cet honneur. Le suffrage universel le choisissait avec discernement comme l'un des plus dignes dans ce groupe d'esprits libéraux et modérés qui n'avaient ni approuvé la déclaration de guerre, ni conseillé qu'on prolongeât la lutte contre toute espérance. M. Saint-Marc Girardin reçut à Antibes, au milieu de sa famille, la nouvelle de son élection ; il en parut plus effrayé que satisfait ; son premier mouvement fut d'embrasser les siens en pleurant, comme s'il prévoyait que de grands sacrifices, l'attendaient. Le plus grand de tous lui fut imposé sur-le-champ par la confiance de ses collègues ; l'Assemblée le nomma l'un de ses commissaires pour la négociation du traité de paix. Tâche douloureuse que le patriotisme ne permettait ni de refuser ni de remplir sans déchirements. Ceux dont la voix n'avait point été entendue dans les temps de prospérité, qui avertissaient alors la toute-puissance de se défier d'elle-même et de ne point juger de ses forces par les illusions de ses courtisans, recevaient du pays, éclairé trop tard et qu'il n'avait point dépendu d'eux de sauver, la difficile mission de réparer des fautes qu'ils n'avaient point commises. L'histoire leur saura gré de leur abnégation ; ce n'étaient pas des noms innocents de nos malheurs qui auraient dû figurer au bas des conditions imposées par l'ennemi ; personne ne méritait moins de subir cette épreuve que l'illustre homme d'État dont M. Saint-Marc Girardin avait partagé les appréhensions au début de la guerre, dont il partageait les angoisses au jour de la défaite.

Aimer avec passion la gloire de son pays, avoir consacré la vie la plus active à célébrer la grandeur de la France, avoir prévu le danger qui la menaçait, avoir employé toute son énergie d'abord à prévenir, plus tard à diminuer nos désastres, et ne pouvoir mieux servir sa patrie qu'en signant le traité qui la démembre : la reconnaissance publique elle-même n'a pas de compensations pour de tels sacrifices.

Votre confrère, Messieurs, devina par sa propre douleur ce qu'imposait de souffrances à un patriotisme égal au sien une responsabilité plus haute. Il se sépara néanmoins du chef politique qu'il s'était donné lui-même avec toute la France, dont tant de souvenirs anciens et tant de liens nouveaux le rapprochaient; cette séparation ne se fit pas sans tristesse. D'autres soucis s'ajoutèrent à celui-là. Vice-président de l'Assemblée nationale, président du centre droit, retenu à Versailles par une succession non interrompue de travaux, éloigné des doux loisirs de Morsang et plus séparé des siens qu'il ne l'avait jamais été, M. Saint-Marc Girardin, qui paraissait si jeune encore, qui avait porté si légèrement le poids de la vie, se sentit pour la première fois fatigué et comme accablé. On ne retrouva plus en lui sa vivacité accoutumée. Aux souvenirs amers et toujours présents de nos désastres se mêlèrent sans doute alors la conscience de difficultés intérieures qu'on avait espéré résoudre par la concorde, mais qu'aggravaient chaque jour les divisions des honnêtes gens; le sentiment de l'impuissance d'un homme dans les grandes crises de la patrie et le regret douloureux de tant d'efforts stériles. M. Saint-Marc Girardin avait vécu dans des temps pleins d'espoir; il vieillissait sans sécurité pour le présent, sans confiance dans l'avenir. C'en fut assez pour briser les ressorts d'une vie heureuse jusque-là et qui avait besoin de bonheur. C'est la guerre, c'est la politique née de la guerre, qui vous a pris avant l'heure votre illustre confrère et creusé deux tombes en même temps. La compagne si dévouée de M. Saint-Marc Girardin l'a suivi presque aussitôt, comme pressée de le rejoindre et de retrouver par-delà la mort l'étroite union de leurs âmes.

DISCOURS
DE
M. CAMILLE ROUSSET

DISCOURS

DE

M. CAMILLE ROUSSET

DIRECTEUR DE L'ACADÉMIE

EN RÉPONSE

AU DISCOURS PRONONCÉ PAR M. MÉZIÈRES

POUR SA RÉCEPTION

A L'ACADÉMIE FRANÇAISE

Le 17 décembre 1874

PARIS
LIBRAIRIE ACADÉMIQUE
DIDIER ET Cⁱᵉ, LIBRAIRES-ÉDITEURS
35, QUAI DES AUGUSTINS

1874

DISCOURS

DE

M. CAMILLE ROUSSET

Monsieur,

En vous écoutant, je ne pouvais me défendre d'un souvenir à la fois douloureux et cher à mon cœur ; je me voyais, à cette même place où vous êtes, présenté à l'Académie, comme il m'avait été accordé de l'être, par M. Guizot et M. Saint-Marc Girardin. Vous venez de rendre à M. Saint-Marc Girardin, je vais essayer de lui rendre, à mon tour, l'hommage public que nous lui devions, vous et moi. D'autres voix, dans une journée solennelle, emploieront toutes les ressources de l'éloquence pour célébrer M. Guizot et sa gloire. Sous l'émotion toujours vive et comme au lendemain d'une perte si grande, si difficile à réparer, j'en atteste et l'Académie, et la France, et l'esprit humain, frappés du même coup, on pourra dire de M. Guizot ce que Montecucculi disait du grand Turenne : « Il est mort un homme qui faisait honneur à l'homme ! » Aujourd'hui cependant que, pour la première fois depuis le commencement de ce deuil, l'Académie se rassemble devant le public, comment ne s'empresserait-elle pas d'offrir à cette glorieuse mémoire les prémices de sa douleur et ce premier tribut qu'il ne lui a pas été permis de verser, après les prières saintes, au pied d'un cercueil, près d'une tombe encore ouverte ? Organe de l'Académie, je m'acquitte, en son nom, de ce pieux devoir, amère satisfaction pour moi dont la vénération, j'oserai dire filiale, a fidèlement suivi M. Guizot pendant trente-trois ans.

Des liens presque aussi anciens, presque aussi étroits, m'attachaient à M. Saint-Marc Girardin. J'ai connu cette famille si doucement unie, aujourd'hui si cruellement réduite. J'ai vu cette noble femme, admirablement dévouée, dont la place, marquée au premier rang de cet auditoire, est restée, par un nouveau coup, prématurément vide. Tandis que vous parliez, Monsieur, avec une sympathie respectueuse, de l'homme illustre qu'elle a si brusquement rejoint au-delà de ce monde, il vous a manqué de pouvoir suivre, dans ses yeux pleins de larmes, l'émotion des souvenirs ravivés par vos louanges. En évoquant du moins son image, en essayant pour un moment de la faire revivre, vous avez été heureusement inspiré, Monsieur. Après avoir si bien loué M. Saint-Marc Girardin, il était impossible de mieux achever son éloge.

Vous avez subi, comme tous ceux qui l'ont approché, la séduction de cet esprit délicat sans subtilité, ingénieux sans recherche, limpide et abondant comme une source vive, et vous avez été retenu par la grâce encore plus charmante d'une âme toujours sereine, d'un cœur ouvert à tous les sentiments affectueux, d'un caractère dont la bonté ne s'est jamais démentie. Des amis, M. Saint-Marc Girardin s'en est fait beaucoup et des plus dévoués. S'est-il fait des ennemis? Je ne dis pas : a-t-il eu des ennemis? La question serait trop naïve. Ce que je suis en droit d'affirmer, c'est que, de parti pris, il n'a voulu ni fait de mal à personne, pas même à un adversaire. Peut-être néanmoins trouverez-vous des gens qui se plaindront d'avoir reçu des coups de sa main et qui en montreraient au besoin les marques ; défions-nous, Monsieur ; il n'y a pire ressentiment que de ces fâcheux amours-propres qu'on ne blesse pas, mais qui se blessent.

Sarcasme, invective, raillerie mordante, plaisanterie amère, aucun de ces termes excessifs ne saurait convenir quand on parle de M. Saint-Marc Girardin. Une ironie fine, aimable, enjouée, une moquerie douce, un éclair malicieux du regard, parfois un frémissement dédaigneux de la lèvre, voilà les traits essentiels et les nuances vraies qui pourront donner de cette physionomie tranquillement expressive l'image la moins inexacte. Dans cette âme bien équilibrée, le vivacité de l'intelligence avait pour tempérament la modération du cœur, et l'esprit, en un mot, n'était que la forme exquise du bon sens.

Attiré par les grands écrits de M. Saint-Marc Girardin, vous n'avez touché qu'en passant à l'un de ses premiers essais, le *Tableau de la littérature française au XVIe siècle*. Ce n'est, j'en conviens, qu'une brillante esquisse, une eau-forte lestement enlevée ; selon mon goût, si vous voulez bien que j'avoue ma prédilection, c'est un petit chef-d'œuvre. Souvent on conseillait à l'auteur de reprendre son ébauche et de l'agrandir ; il en parlait quelquefois lui-même, mais il y pensait moins qu'il n'en parlait : au fond, la volonté n'y était pas. Dans ces projets de révision trente-trois ans se passèrent, si bien qu'en fin de compte l'esquisse, telle qu'au premier jour, reparut devant le public avec les excuses de l'auteur. « J'avais, disait-il en manière d'apologue, j'avais un de mes amis en Limousin qui habitait une fort méchante maison ; on le pressait de bâtir, et il promettait de le faire. Un jour je lui en parlai. « Ma maison est prête, » me dit-il, et, me menant sur la place, il me montra d'un air joyeux ses pierres taillées, ses poutres équarries, ses planches sciées et rabotées. « Vous voyez, me disait-il, ma « maison est prête, il ne reste plus qu'à la bâtir : ce « n'est rien. » Ce rien était tout, et il ne le fit pas, car il mourut. C'est un peu là mon histoire ; seulement je n'ai jamais cru que ma maison fût faite, parce que j'en avais amassé les pierres ; c'est au contraire la difficulté de l'œuvre qui m'a arrêté. » Bonhomie charmante ! Si j'ai cité ce petit morceau, c'est qu'il donne le ton du causeur et la manière habituelle de l'écrivain.

Dans le *Tableau de la littérature au XVIe siècle*, M. Saint-Marc Girardin essaye de définir l'esprit français, et il lui attribue pour caractère distinctif une sagacité malicieuse et pénétrante. Est-ce là tout l'esprit français? non, sans doute; mais c'en est la bonne part, et c'est assurément l'esprit de M. Saint-Marc Girardin. Quand il nous représente ce bourgeois du moyen âge, « homme de bon sens, moqueur au besoin, qui garde en tout son franc juger et prend quelquefois son franc parler », je le reconnais à coup sûr; mais où je le reconnais mieux encore, c'est à la fin du XVIe siècle, dans ce grand parti des *politiques*, gens de bien, d'honneur et d'esprit, hommes d'accommodement honorable et de bonne volonté, les meilleurs et les plus utiles alliés dont Henri IV ait jamais pu se servir, dont Henri IV a su se servir pour le salut de la France. Ce groupe qui vient de passer, riant des fanatiques et morguant les *ligueurs*, ce sont les écrivains de la *Ménippée*. M. Saint-Marc Girardin ne serait-il pas avec eux d'aventure? et parmi leurs voix n'aurais-je pas entendu la sienne? En vérité, je ne me trompais guère, et c'est en aussi bonne compagnie que je le retrouve, aux environs de 1830, dans le bureau d'un journal.

M. Saint-Marc Girardin a été journaliste et professeur; il n'a jamais séparé ces deux titres dont il se faisait également honneur et que la dignité de son caractère a recommandés également à la considération du public. Journaliste un peu avant 1830, professeur un peu après, c'est au milieu des agitations révolutionnaires qu'il a commencé de parler et d'écrire. Si justifiée ou excusable que puisse paraître une révolution, il n'y en a pas dont l'ébranlement ne remue la société jusque dans ses bases. Juillet à peine achevé, malgré sa jeunesse et l'enivrement du succès, M. Saint-Marc Girardin eut le mérite de voir où était le péril, et la résolution d'y courir, au risque de rencontrer devant soi des alliés de la veille. « Cette révolution, a-t-il dit lui-même, changea ma vocation de journaliste : d'un écrivain d'opposition elle fit de moi, presque dès le lendemain, un défenseur du pouvoir, et je l'en remercie. » Libéral, il l'était et ne cessa jamais de l'être ; mais il ne se savait pas aussi bien conservateur : il le fut tout d'un coup, résolûment et pour toujours.

Dans ce dernier naufrage de la Restauration, tout s'en allait en débris, gouvernement, institutions, lois politiques et croyances morales. L'insurrection n'était plus seulement, en certains cas déterminés, le plus saint des devoirs : en proclamant ce qu'on nommait le droit de la passion, l'essor illimité de la passion désormais souveraine, on faisait de l'insurrection, partout et à tout instant, le moteur nouveau de la vie privée comme de la vie publique. Règles sociales, traditions, usages, coutumes, précautions et prescriptions légales, rien de tout cela ne comptait plus, n'ayant plus de raison d'être : la passion déchaînée remplaçait tout, embrassait tout, justifiait tout. A certains égards, le journaliste est comme un soldat embusqué aux avant-postes ; il faut qu'il couvre son parti, l'oreille tendue, l'œil au guet, toujours prêt à donner l'éveil. Tel était

M. Saint-Marc Girardin en avant de ce qui restait de la société française. Le danger qu'il avait signalé, le matin, dans le journal et combattu à l'improviste, quelques heures après, dans sa chaire de la Sorbonne, il l'étudiait plus à loisir et conduisait à l'encontre une défense méthodique. On a cherché pourquoi, sortant de l'usage, M. Saint-Marc Girardin avait donné à son enseignement un tour imprévu ; on s'est imaginé qu'après l'éblouissant éclat de M. Villemain, redoutant la comparaison, il avait voulu faire autrement, coûte que coûte, et dans la critique littéraire arbitrairement substitué la morale à l'histoire. On s'est trompé ; où l'on n'a vu qu'un caprice, il y avait une nécessité sociale, et l'élan d'un citoyen où l'on n'a soupçonné qu'un intérêt vulgaire. Déracinées par la tourmente révolutionnaire, il fallait de nouveau et plus profondément implanter les idées morales dans les âmes. C'est à cette noble tâche que M. Saint-Marc Girardin a consacré toutes les ressources d'un talent incomparable, depuis le ton enjoué de la conversation familière jusqu'aux accents émus de la grande éloquence, toujours guidé par une conviction forte, une fermeté de principes qui, sans concessions ni complaisances, finissait par arracher des applaudissements, même aux plus rebelles. Ai-je besoin d'ajouter que ce moraliste était un chrétien ? « Quant à moi, a-t-il écrit quelque part, je ne suis pas un incertain ; mon choix est fait depuis longtemps. La difficulté de ne pas croire au christianisme m'a de bonne heure paru mille fois plus grande que la difficulté d'y croire. » Ainsi le souffle vivifiant de son enseignement public comme de ses grandes œuvres littéraires, c'est l'esprit même de la morale chrétienne qui commande le sacrifice, refrène la passion et la range sous le devoir.

Le professeur voit son sujet de haut et d'ensemble : le journaliste est aux prises avec le détail. On peut publier intégralement une série de leçons : il faut faire un choix parmi des articles. D'un petit nombre des siens M. Saint-Marc Girardin a composé, sous ce titre : *Souvenirs et réflexions politiques d'un journaliste*, un recueil qu'il a dédié au plus ancien, au plus cher de ses compagnons de travail et d'étude, M. de Sacy. En le nommant à côté de M. Saint-Marc Girardin, j'aime à regarder l'amitié dont il m'honore comme un legs et, pour ainsi dire, ma réserve d'héritage dans la succession du généreux ami que nous regrettons tous les deux. Avec des matériaux qui auraient pu fournir à plus de vingt tomes, les *Souvenirs d'un journaliste* se sont resserrés en un seul volume. S'il est vrai qu'il y ait une sorte de vanité particulière aux écrivains de la presse, on peut affirmer à coup sûr que M. Saint-Marc Girardin n'a pas connu cette faiblesse. « C'est grand honneur, a-t-il dit, pour un article politique de défrayer la causerie du matin ; si l'on en parle encore le soir, c'est presque de la gloire. Il y a, dans la première partie de ce recueil, deux ou trois articles dont on m'a loué même au bout de plusieurs jours ; j'étais tenté de les croire immortels : en les relisant, je me suis aperçu que je ne m'en souvenais plus moi-même. » Il n'est guère possible de pousser plus loin, ni de meilleure grâce, la sincérité vis-à-vis de soi-même. Telle est d'ailleurs l'impression que laisse dans l'esprit la lecture de ce recueil : c'est l'examen de conscience et la confession politique d'un homme de bonne foi. S'il s'est trompé, il n'hésite pas à le reconnaître ; mais son erreur n'a jamais été qu'un tort de forme : le fond, les principes n'ont reçu aucune atteinte. Aussi l'écrivain peut-il, en concluant, porter envers lui-même ce témoignage d'une fierté légitime : « J'ai vu avec plaisir que je n'ai pas changé de convictions ; j'espère donc que je mourrai dans les opinions de ma jeunesse, triomphantes ou battues, peu m'importe : cela en effet regarde la fortune et non pas la conscience. »

Il est mort, comme il avait espéré, dans les opinions de sa jeunesse, partisan décidé de la monarchie constitutionnelle, défenseur infatigable des institutions parlementaires. Il en connaissait le fort et le faible, les imperfections comme les mérites, mais les inconvénients lui paraissaient bien moindres que les avantages ; même après les apparents démentis donnés par les révolutions à ses doctrines, il ne se sentait pas ébranlé. Dans ces renversements, il voyait la faute, non des institutions, mais des hommes, et il dénonçait, non sans amertume, le plus redoutable de nos défauts politiques. « Les partis en France, disait-il, ceux qui sont dans le cercle de la constitution comme ceux qui sont en dehors, excellent surtout à ne pas vouloir ; ce qu'ils savent le mieux, c'est ce qu'ils ne veulent pas. Pour nier, pour détruire, ils s'entendent à merveille; mais, pour agir, ils s'accordent fort peu. L'action les gêne et les embarrasse. Ils sont négatifs : c'est là le trait caractéristique de leur nature. » Il y a trente-cinq ans que M. Saint-Marc Girardin notait cette observation ; il y a quinze ans qu'il la publiait de nouveau. Faut-il aujourd'hui la reléguer au nombre de ces vieilles remarques dont il disait lui-même : « Il y a ici bien des choses qui ne sont plus de mise ? » Souhaitons, Monsieur, de n'avoir plus à déplorer, ni les uns ni les autres, un désaccord si fatal aux intérêts de la patrie. C'est à combattre ce mal, funeste jusqu'à pouvoir être mortel, c'est à rétablir, dans une grande assemblée où son caractère lui avait fait une place éminente, l'union, l'harmonie si nécessaire, que M. Saint-Marc Girardin a voué ses suprêmes efforts ; c'est à ce patriotique devoir qu'il a sacrifié le repos des derniers jours et la douceur paisible du foyer domestique ; il y a consumé sa vie, mais il nous a laissé un noble exemple. Honorons sa mémoire ; elle est de celles qui ont formé, à travers les siècles, la grande tradition française.

Il y marquait déjà sa place, lorsque, sur la tombe de M. Villemain, il attestait légitimement ses propres services : « Professeurs et écrivains, disait-il, nous avons tous travaillé à soutenir, chacun selon sa force, l'œuvre de nos glorieux devanciers. Nous avons tenu droit le drapeau qu'ils nous avaient confié, et nous le remettrons honorablement à ceux qui nous suivent. »

Vous êtes, Monsieur, de ces lieutenants éprouvés qui, reconnus chefs à leur tour, saluent avec une émotion grave le drapeau dont l'honneur vient d'être commis à leur garde, et prennent avec respect la place que leurs prédécesseurs ont laissée vacante. En vous donnant la succession de M. Saint-Marc Girardin, l'Académie française a considéré à la fois ce qu'elle devait au maître et ce qu'elle attendait du disciple. Elle attend beaucoup, Monsieur, d'un talent dont elle a reçu déjà beaucoup. Vous lui avez présenté presque tous vos ouvrages : elle vous les a rendus toujours avec des couronnes. C'est ainsi que, vous ayant distingué de bonne heure, elle vous a, de bonne heure aussi, ouvert une porte qui résiste souvent à plus d'un effort. Soyez le bienvenu parmi nous, Monsieur; vous allez apporter dans nos discussions les lumières d'un philologue et le goût d'un écrivain familiarisé par les voyages comme par l'étude avec les secrets des langues et des littératures étrangères. Il n'y a pas encore cent ans, les sympathies de l'Académie ne vous auraient pas été aussi facilement acquises. Moins libéral à cet égard que notre dix-septième siècle, qui se piquait de parler couramment l'italien et l'espagnol, le dix-huitième affectait un profond mépris pour tout ce qui n'était pas le français, et c'est seulement dans les premières années du nôtre que « les littératures étrangères furent explorées, traduites, vengées de l'ignorance frivole qui les avait dédaignées; l'affranchissement fut complet ». J'emprunte ces deux lignes, — notre éminent secrétaire perpétuel, mon vénéré voisin, ne s'en souvient pas peut-être, — à la réponse que lui adressait M. de Barante, le jour, heureux pour l'Académie, où M. Patin venait y prendre séance. C'est notre siècle qui est dans le vrai, Monsieur, et le dix-huitième avait tort. Les lettres françaises ont assez de grandeur pour n'être ni dédaigneuses, ni jalouses, ni défiantes ; aucune comparaison ne leur est importune, et, si vous me permettez l'expression, elles n'ont rien à perdre aux transactions du libre échange.

Ai-je besoin, Monsieur, d'aller chercher bien loin des exemples? Vous avez fait sur Pétrarque un livre qui est devenu classique dans la patrie même de Pétrarque. Il y a quelques mois, en Italie et en France, les admirateurs du grand poëte italien s'accordaient pour célébrer par des fêtes littéraires l'anniversaire d'un jour qui, par une singulière fatalité, a marqué de la même date sa naissance et sa mort. Avignon vous avait invité, mais Arqua sollicitait également l'honneur de votre présence. Si je ne craignais d'inquiéter votre modestie par une sorte de rapprochement dont l'indiscrétion serait trop grossière, il me serait facile de rappeler ici les hésitations de Pétrarque appelé, le même jour, par le Sénateur de Rome et par l'Université de Paris, à recevoir, dans l'une et l'autre de ces grandes cités, le laurier poétique. Vous avez choisi Avignon, sans que l'Italie vous ait su mauvais gré de cette préférence. Tandis que vous recueilliez des applaudissements sur les bords du Rhône, une distinction flatteuse et rare vous arrivait de l'autre côté des Alpes : la plus ancienne et la plus célèbre des Académies italiennes inscrivait votre nom sur sa liste, de sorte qu'après avoir discuté à Paris le dictionnaire de la langue française, il vous sera toujours loisible d'aller, comme il vous plaira, porter sur des travaux analogues vos observations à Florence.

A la suite de Pétrarque vous avez parcouru Vaucluse. Séduit comme lui par la beauté du paysage, vous avez écrit sur ce vallon fameux trois pages que je voudrais pouvoir citer d'un bout à l'autre, comme un modèle du style descriptif. J'en détacherai au moins quelques lignes, à l'endroit où, sur les bords charmants de la Sorgue, les souvenirs pittoresques de vos nombreux voyages se réveillent en foule et se groupent, autour de la fontaine immortalisée par le poëte, avec infiniment d'art et de goût. « A la racine même des rochers, dites-vous, s'ouvre une caverne d'où jaillit la rivière qui descend aussitôt par une pente rapide, bondissant avec fureur au milieu des blocs noirâtres qu'elle couvre d'une écume blanche. Dès qu'elle se repose, dès qu'elle ne rencontre plus d'obstacles, elle étend, entre deux rives fleuries, une nappe d'eau limpide, d'une couleur merveilleuse, dont je n'ai retrouvé nulle part, ni dans les Alpes, ni dans les Pyrénées, ni en Italie, ni en Espagne, ni en Orient, les teintes douces et transparentes. Le lac de Zurich est moins pur, le lac de Come plus bleu, la Méditerranée plus foncée; les fleuves célèbres, le Pénée, l'Alphée, l'Achéloüs, sont plus argentés, le Styx et l'Achéron plus noirs, l'Arno, le Tage, le Guadalquivir, le Rhône plus troubles. La Sorgue seule, d'un vert tendre à la surface et jusqu'au fond de son lit, ressemble à une plante verte qui se serait fondue en eau ; c'est comme une herbe liquide qui court à travers les prés. On se rappelle, en la voyant, ces sources vives qui, sortant des rochers de la côte, viennent quelquefois verser leurs eaux d'émeraude dans les flots de la mer Égée ou de la mer Ionienne. »

Aussi bien que les visiteurs de Vaucluse, les admirateurs de Pétrarque vous doivent, Monsieur, de la reconnaissance; vous leur avez appris à mieux connaître l'objet de leur admiration. « Le vrai Pétrarque n'est point seulement un faiseur de sonnets et de chansons, avez-vous dit; c'est la plus grande figure du XIV° siècle. Tant qu'il a vécu, rien de grand ne s'est fait dans son pays, ni même hors de son pays, sans qu'il en ait été le confident ou le juge. » En est-ce donc fait du Pétrarque spiritualiste, du poëte sentimental et mystique dont le platonisme reconnaît, sous les traits adorés de Laure, et chante en même temps la religion, la philosophie, la vertu, les pures conceptions de l'esprit dégagé de la matière ? Non sans doute ; tout cela nous demeure, mais il nous est venu autre chose encore. Je me figure volontiers le Pétrarque idéal sous l'aspect d'un de ces petits anges dont on ne voit qu'une tête et deux ailes au milieu des nuées. Vous avez, Monsieur, restitué la personne tout entière, non pas la statue seulement, mais le personnage vrai, vivant, historique. Peut-être y aura-t-il des délicats qui vous reprocheront de l'avoir humanisé plus que de besoin, sans compter les zélatrices dont vous aurez troublé le culte pour l'image symbolique de Laure. N'est-il point en effet douloureux, quand on se complaisait à nier son existence réelle, d'apprendre que cette pure abstraction n'a pas eu moins de neuf enfants en légitime mariage? Mais n'est-ce point surtout le comble du scandale qu'on puisse voir le désolé Pétrarque trompant les ennuis d'un amour sans espoir par les distractions effectives de la paternité, ou bien encore le chantre mystique du *Canzoniere* lié avec Boccace de l'amitié la plus intime et se délectant, comme un autre, aux contes sensuels du *Décaméron?* N'en déplaise aux délicats, ces reproches, Monsieur, ne sauraient vous émouvoir. En humanisant Pétrarque, vous nous l'avez fait mieux comprendre et, je n'hésite pas à dire, aimer davantage. Cette forme angélique, entrevue dans les vagues espaces, nous laissait étonnés et froids; nous voulions voir l'homme sous le poëte. Vous nous le rendez avec ses misères, ses faiblesses, tout ce qui le rapproche humainement de nous, et l'admiration que le poëte exige s'accroît de toute la sympathie que nous donnons volontiers à l'homme. Non, vous n'avez ni rabaissé Pétrarque, ni diminué sa gloire; loin de là. Depuis que vous lui avez fait toucher terre, nous pouvons mieux juger de combien il est plus grand que nous.

C'est par une méthode analogue que vous avez entrepris d'aborder l'œuvre incommensurable de Shakspeare. Autour de lui vous avez groupé ses devanciers, ses contemporains, ses successeurs. Il s'élève au-dessus d'eux tous, comme le mont Blanc domine de sa majesté souveraine les plus hautes sommités des Alpes. Ne nous y trompons pas : dans la pénombre où les a plongés le rayonnement de sa gloire, il y a quelques-uns de ces hommes, Marlowe et Ben Jonson par exemple, qui ont eu leurs jours d'éclat et, par moment, des accès de génie. Voici un même sujet dramatique, la haine d'un juif contre les chrétiens, qui a été traité par Marlowe dans *le Juif de Malte*, et dans *le Marchand de Venise* par Shakspeare. Rien n'est plus émouvant que le drame de Marlowe. Son héros, Barabas, a la férocité d'imagination la plus inventive ; c'est avec un art infernal qu'il fait détruire, les unes par les autres, celles de ses nombreuses victimes qu'il ne s'est pas réservé de frapper lui-même. Nous tenons ici le défaut capital du drame : il y a trop de péripéties terribles, et l'émotion du spectateur est épuisée bien avant que le dramaturge ait conduit toutes ces horreurs à leur terme. Voyons, au contraire, Shylock dans *le Marchand de Venise*. Au lieu de disperser sa haine, il la ramasse ; il y a un seul homme qu'il poursuit de sa lente et patiente vengeance ; mais en cet homme il voit tous les chrétiens ensemble, et c'est dans son sang qu'il aura la jouissance de laver les injures accumulées de sa race. Rien n'arrête, rien n'interrompt le développement de cette passion sourde ; rien ne distrait le spectateur dont l'âme frémissante se retrouve tout à coup satisfaite et calmée, lorsqu'au dernier moment la décision du juge arrache au juif confondu sa victime. Telle est la supériorité de Shakspeare sur Marlowe comme sur tous les autres. Ni dans ses conceptions les plus sombres, ni dans ses inventions les plus fantastiques, il ne sort jamais de la vérité humaine ; mais il sait l'embrasser tout entière. Son théâtre est universel comme l'œuvre d'Homère. L'homme de tous les temps y tient la scène, avec les sentiments, les passions, les contradictions éternelles de notre nature : c'est la part largement faite à la vérité générale et philosophique ; mais il y a aussi, comme dans l'œuvre d'Homère, une part donnée à la vérité locale et contemporaine. A supposer une catastrophe qui en aurait détruit les autres monuments, l'époque d'Élisabeth pourrait disparaître de l'histoire que le seul théâtre de Shakspeare suffirait à la restituer avec ses idées, ses croyances, ses mœurs, ses connaissances acquises, en un mot avec la physionomie intellectuelle et morale qui marque particulièrement un certain âge dans la vie de l'humanité. Je lisais l'autre jour qu'un original avait entrepris de rechercher minutieusement toutes les variétés d'arbres, d'arbustes et de plantes herbacées dont Shakspeare a fait mention dans ses œuvres. Composer une flore de Shakspeare, voilà sans doute une bizarre imagination, et personne n'en aurait été plus surpris que le grand poëte : preuve inattendue, après tout, qu'en écrivant pour ses contemporains, il nous a légué, sans le vouloir ni le savoir, une véritable encyclopédie de son temps.

C'est ce caractère à la fois universel et particulier, ce mélange, cette circulation incessante des idées générales et des faits accidentels, ce conflit des passions éternelles et des intérêts d'un jour, surtout le mouvement, l'animation vivante de son théâtre, qui lui ont suscité, à cent cinquante ans de distance, le plus illustre des disciples. « La première page que j'ai lue de Shakspeare, a dit Gœthe, m'a fait son homme pour la vie. » Passer de l'un à l'autre, d'Angleterre en Allemagne, c'est vous suivre, Monsieur, sur un terrain nouveau, mais où vous êtes, comme toujours, le meilleur et le plus intéressant des guides. Entre Shakspeare et Gœthe, il faut convenir avec vous que les rapprochements sont moins curieux à noter que les dissemblances. Dans sa belle étude sur Shakspeare, M. Guizot nous fait admirer, parmi les qualités originales du poëte, « cette naïve ignorance des merveilleuses richesses qu'il répand à pleines mains ». Est-ce Gœthe qui aurait mérité un compliment pareil? Gœthe est un riche très-avisé qui gouverne parfaitement sa fortune, calcule, ménage et fait, à l'occasion, grande dépense, mais toujours à bon escient. Voici une autre différence plus importante et, selon moi, capitale. S'il y a dans la vie de Shakspeare des lacunes, des obscurités qui désespèrent les biographes, qu'importe à son œuvre? elle est impersonnelle. Pour Gœthe, c'est tout le contraire. Il est impossible de bien comprendre l'écrivain si l'on ne connaît pas à fond l'homme et ses entours.

Sur l'écrivain et sur l'homme vous avez composé, Monsieur, deux volumes de la lecture la plus attachante. Rien n'y manque. Si grand toutefois qu'ait été votre labeur, je ne vous plains pas : il est évident que vous y avez trouvé du charme. Le sujet d'ailleurs se prêtait complaisamment à vos recherches. Gœthe ne se renferme point; il fait le plus aisément du monde sa confession et celle d'autrui. Ce terrible égoïste avait le commerce dangereux. Ce qu'il a brisé de cœurs et rompu d'attachements nous étonne; mais ce qui nous étonne encore plus et nous attriste, c'est que, dans la construction de ses plus grandes œuvres, il a fait entrer, parmi des matériaux vulgaires, les débris de ses amitiés et de ses amours. On sait avec quelle douleur la vraie Charlotte et son honnête mari se virent livrés au public dans le roman de *Werther*. Si j'ajoute que Gœthe, un certain jour, a cru faire une bonne plaisanterie allemande, en ridiculisant, sous la figure d'une autruche, l'excellent Lavater, j'aurai le droit de dire qu'il a manqué, ce jour-là, et d'esprit et de cœur. Il n'a guère épargné que le plus illustre de ses contemporains, Schiller, son rival de gloire, et la plus pure entre les compagnes de sa jeunesse, Mlle de Klettenberg; mais aussi quelle admirable amie que cette personne angélique! et quelle âme! C'est elle qui, recherchée par un gentilhomme élégant, inquiète et troublée de l'avenir qu'elle va se faire, lui propose de vivre exclusivement l'un pour l'autre, dans la retraite, loin de la cour et du monde. Dès les premiers mots le courtisan pâlit et son refus met à néant le projet de mariage. N'est-ce pas là, Monsieur, le dénoûment du *Misanthrope*, mais renversé? Célimène, c'est le courtisan frivole, et Alceste, Mlle de Klettenberg. J'ai dit que Gœthe l'avait épargnée dans ses œuvres; il l'y a cependant introduite, mais à la place d'honneur, en écrivant d'après elle les *Confessions d'une belle âme.*

La vie de Gœthe est le roman d'une intelligence qui veut tout savoir et d'une activité qui veut tout faire. Poëte, romancier, dramaturge, il a été par surcroît ministre des finances, ministre de la guerre, ministre des travaux publics et directeur de théâtre. Il a essayé de devenir artiste et entrepris de se faire savant. L'original qui s'est épuisé à extraire une flore de Shakspeare aurait bien mieux fait de s'adresser à lui : il eût trouvé un botaniste ingénieux, un anatomiste passable et un physicien médiocre. Au déclin de sa vie, Gœthe a fini par vouloir être le critique de ses propres œuvres. Ici je rencontre le dernier de ses familiers. L'honnête et fidèle Eckermann, le Wagner, le *famulus* de cet autre Faust, était doué d'une mémoire prodigieuse; il avait assez d'intelligence pour comprendre, trop peu d'imagination pour inventer, en somme tous les mérites d'un témoin irréprochable. Sa véracité n'est pas douteuse, et les notes qu'il nous a données ont la valeur d'une sténographie. Eckermann n'est pas un auditeur, c'est un auditoire : Gœthe professe devant lui comme devant un public. Il passe en revue les grands et les petits événements de sa longue existence, les hommes et les femmes qu'il a sacrifiés plus ou moins aux caprices de son humeur changeante; il commente, il explique ses poésies, ses romans, son théâtre, ce qu'il a dit et surtout ce qu'il a voulu dire; mais ce qu'il a le plus à cœur, c'est de gagner des adeptes et de les initier aux mystères du *second Faust*. Cette composition étrange devait être son œuvre capitale, la synthèse de sa vie. A force d'y accumuler les incidents bizarres, les abstractions et les symboles, il est parvenu à nous rendre la parfaite image du chaos. Le bon Eckermann, en dépit de ses efforts et des indications du maître, n'a jamais pu s'y retrouver. A votre tour et avec un zèle bien digne d'éloge, vous avez tenté, Monsieur, d'y porter la lumière; excusez mon insuffisance : je ne me sens pas en mesure de décider si le succès a récompensé votre héroïsme.

Vous voyez que je suis un peu plus sévère pour l'auteur de *Faust* que vous ne l'êtes vous-même; j'ai hâte de me mettre tout à fait d'accord avec vous. Il y a, chez Gœthe, un mérite qui rachète, à mes yeux, bien des torts : il a aimé l'esprit français et rendu justice à la France. En 1813, au milieu de l'Allemagne soulevée contre nous, on lui avait reproché son indifférence et sa froideur. « Comment moi, répondait-il plus tard, moi pour qui la civilisation et la barbarie sont des choses d'importance, comment aurais-je pu haïr une nation qui est une des plus civilisées de la terre, à qui je dois une si grande part de mon propre développement? » Dans cet ordre d'idées généreuses, Gœthe n'a point fait école parmi ses compatriotes.

Enfant de la vaillante Lorraine que, par un beau mouvement de piété filiale, vous avez tout à l'heure conviée aux honneurs de cette séance, vous avez écrit, Monsieur, des *Récits de l'invasion;* vos douleurs patriotiques y sont exprimées dans un noble langage. Je ne parlerai cependant pas de ce livre : ma réserve est aussi du patriotisme. En vous lisant, je me rappelais un épisode de votre *Pétrarque*. Cinq ans après la bataille de Poitiers, un an après le traité de Bretigny, le grand poëte était venu complimenter le roi Jean, au nom du seigneur de Milan, Galéas Visconti, dont les trésors avaient contribué, pour une large part, au payement de la rançon royale. Pétrarque retrouvait, sanglante et dépouillée, la France dont il avait, trente années auparavant, admiré la richesse et la force. « Je n'ai plus rien reconnu, disait-il, de cet opulent royaume de France, tellement ravagé par le fer et par le feu qu'à peine pouvais-je me persuader que ce fût le même. Partout la solitude, la tristesse, la dévastation, les campagnes incultes, les maisons désertes ou ruinées ; partout de tristes vestiges, et les cicatrices encore saignantes des horribles blessures que le glaive de l'ennemi a faites. » Cependant, avec un mélange de sympathie courtoise et de confiance vraie dans le génie de la France, il ne craignait pas de dire au roi, dans une audience publique : « Aucun homme, que je sache, ne peut être assez dépourvu de jugement pour ne point voir que, si abîmé que soit ce royaume, à peine échappé du naufrage, il est encore le premier, le plus grand de tous. » Efforçons-nous, Dieu aidant, d'approprier à notre fortune le compliment de Pétrarque. Aujourd'hui je ne saurais mieux faire que de revenir à vous, Monsieur, et de vous emprunter des paroles plus conformes à notre état. « Ne recommençons pas, dites-vous, à nous bercer d'illusions, à nous payer de mots sonores, comme nous l'avons fait trop souvent, en nous décernant des éloges supérieurs à notre mérite. La dure leçon que nous donnent les faits doit nous servir à mieux juger des choses, à nous défier des complaisances de l'amour-propre national, de la crédulité que nous inspire notre confiance en nous, de la facilité avec laquelle nous accueillons tout ce qui flatte nos espérances, tout ce qui répond à nos rêves de grandeur, à nous mieux connaître, en un mot, et à mieux connaître les autres... Peut-être sortirons-nous de cette épreuve plus forts et mieux trempés; peut-être avions-nous besoin d'être secoués par le malheur pour retrouver la virilité de notre race et le don toujours français d'accomplir de grandes choses. »

Je m'arrête, Monsieur, sur cette belle page. Ce n'est pas l'orgueil qu'elle nous veut inspirer; c'est un sentiment plus digne et plus fécond, l'espérance.

Paris. — Typogr. G. Chamerot, rue des Saints-Pères, 19.

LIBRAIRIE ACADÉMIQUE

DIDIER ET CIE

Nouvelles publications.	3
Éditions in-8°.	5
Discours académiques.	16
Éditions in-12. Bibliothèque académique.	17
Bibliothèque des Dames.	29
Bibliothèque d'Éducation morale.	30
Ouvrages illustrés.	32
Ouvrages de Napoléon Landais.	33
Dictionnaire de Médecine usuelle.	33
Mémoires archéologiques.	34
Trésor de Numismatique.	35
Collection de Mémoires sur l'histoire de France.	35
Journal des Savants.	36
Revue archéologique.	36

PARIS

35, QUAI DES AUGUSTINS, 35

—

1874

EN VENTE

LE PORTRAIT DE LA COMTESSE ALBERT DE LA FERRONNAYS

Belle gravure de FLAMENG, d'après le dessin original de Mme la marquise de Caraman
Pour les souscripteurs au *Récit d'une sœur* (édition in-8), 75 centimes
Sur grand papier, 1 fr. 25. — Épreuves d'artiste sur chine, 4 fr., et avant la lettre, 5 fr.

LE PORTRAIT DE MADAME SWETCHINE

Gravé sur acier, 75 centimes. — Sur grand papier, 1 fr. 25.

ROSA FERRUCCI, SA VIE ET SES LETTRES

Publiées par Sa Mère, traduit par l'abbé LEMONNIER.

1 volume in-8 elzévir vergé. 5 fr. — Tiré à 100 exemplaires.

LES SOIRÉES DE LA VILLA DES JASMINS

PAR

Madame la marquise DE BLOCQUEVILLE

4 vol. in-8. . 50 fr.

OUVRAGES SOUS PRESSE

PIERRE CLÉMENT...	Histoire de Colbert. 2 vol. in-8.
KÉRILLER.........	Le chancelier Séguier et son groupe. 1 vol.
G DESNOIRESTERRES.	Voltaire et J.-J. Rousseau. 1 vol. in-8.
CH. DE RÉMUSAT.....	Histoire de la philosophie anglaise. 2 vol.
FERD. DELAUNAY.....	Moines et sibylles de l'ancien Orient. 1 vol. in-8.
BAUDRILLART......	La famille et l'Éducation en France. 1 vol.
ED. AUGER........	Histoires américaines. 1 vol.
ZELLER..........	L'Empire germanique au moyen âge. 1 vol.
ALFRED MAURY.....	Le Socialisme au XVIe siècle. 1 vol.
B^{on} DE WOGAN......	Le pirate Malais. 1 vol.
BONASSIES........	Histoire admin. de la Comédie-française. 1 vol.
Ctesse CLERMONT-TONNERRE.	Les pionniers français en Amérique, d'après Parkman. 1 vol.
PR. J. LUBOMIRSKI...	Fonctionnaires et boyards. 1 vol.
Ctesse DE MIRABEAU.....	Souvenirs du C^t de Gonneville. 1 vol. in-8.
Mme AUG. CRAVEN....	Le mot de l'Énigme. 1 vol.
Mme THURET........	Mlle de Sassenay. 2e édit.
MIGNET...........	La rivalité de François Ier et de Charles-Quint. 2 vol.
LITTRÉ...........	Histoire et littérature. 1 vol. in-8.
AMÉDÉE THIERRY...	Nestorius. 1 vol.
V. DE LAPRADE.....	Le livre d'un père. 1 vol.

LIBRAIRIE ACADÉMIQUE DIDIER ET Cie
35, Quai des Augustins — PARIS

NOUVELLES PUBLICATIONS

ŒUVRES DE BERRYER
DISCOURS PARLEMENTAIRES — PLAIDOYERS

La 1re série : DISCOURS PARLEMENTAIRES, est en cours de publication
5 vol. in-8. . . . . 35 fr.
Les tomes I à IV sont en vente. — Le tome V paraîtra prochainement.
Les volumes ne se vendent pas séparément.

HISTOIRE D'ALLEMAGNE
Par J. ZELLER
Maître de conférences à l'École normale supérieure, etc.

1er VOLUME :

ORIGINES DE L'ALLEMAGNE ET DE L'EMPIRE GERMANIQUE
PRÉCÉDÉES D'UNE INTRODUCTION GÉNÉRALE
1 vol. in-8, orné de 2 cartes géographiques. . 7 fr. 50

2e VOLUME :

FONDATION DE L'EMPIRE GERMANIQUE
CHARLEMAGNE — OTTON-LE-GRAND
1 vol. in-8, orné de 2 cartes . . . 7 fr. 50

COMPLÉMENT DES ŒUVRES DE VILLEMAIN

HISTOIRE DE GRÉGOIRE VII
PRÉCÉDÉE D'UN DISCOURS SUR L'HISTOIRE DE LA PAPAUTÉ JUSQU'AU XIe SIÈCLE
PAR M. VILLEMAIN
2e édition, revue. 2 vol. in-8. Prix. . . . . . 15 fr.

LIBRAIRIE ACADÉMIQUE DIDIER ET Cie.

ROME SOUTERRAINE
RÉSUMÉ DES DÉCOUVERTES DE M. DE ROSSI
DANS LES CATACOMBES ROMAINES
PAR J. SPENCER NORTHCOTE & W.-R. BROWNLOW
TRADUIT DE L'ANGLAIS, AVEC DES ADDITIONS ET DES NOTES
PAR M. PAUL ALLARD
ET PRÉCÉDÉ D'UNE PRÉFACE PAR M. DE ROSSI
Deuxième édition, revue et augmentée par le traducteur
1 beau vol. grand in-8, raisin, illustré de 70 vignettes, de 20 chromolithographies et plans
Prix : Broché, 30 fr.; en belle demi-reliure, 35 fr.

VOYAGE EN TERRE SAINTE
PAR M. F. DE SAULCY
2 beaux vol. grand in-8, ornés de 15 cartes et plans et de nombreuses vignettes dans le texte.
Deuxième édition. — 20 fr.; relié, 27 fr.

ROME ET LES BARBARES
ÉTUDES SUR LA GERMANIE DE TACITE
PAR A. GEFFROY
DE L'ACADÉMIE DES SCIENCES MORALES
1 vol. in-8. . . . 7 fr. 50

HISTOIRE D'ALCIBIADE
ET DE LA RÉPUBLIQUE ATHÉNIENNE
Depuis la mort de Périclès jusqu'à l'avénement des trente Tyrans
PAR
HENRY HOUSSAYE
2e édition. 2 vol. in-8, ornés d'un beau portrait. 14 fr.

L'ART ET L'ARCHÉOLOGIE
PAR
ERNEST VINET
1 vol. in-8. . . . . 7 fr. 50

HISTOIRE — LITTÉRATURE — PHILOSOPHIE

ÉDITIONS IN-8

AMPÈRE (J.-J.)
Histoire littéraire de la France avant et sous Charlemagne. Nouv. édit. 3 vol. in-8. . . . . 22 fr. 50
Formation de la langue française. Complément de l'*Histoire littéraire*. Nouvelle édition, revue et corrigée. 1 vol. in-8. . . . . 7 fr. 50
La Philosophie des deux Ampère, publiée par M. J. Barthélemy Saint-Hilaire. 1 vol. in-8. . . . . 7 fr. 50
La Grèce, Rome et Dante. 3ᵉ édition. 1 vol. in-8. . . . . 7 fr. 50
La Science et les Lettres en Orient. 1 vol. in-8. . . . . 7 fr. 50

D'ASSAILLY
Albert le Grand. L'ancien monde devant le nouveau. 1ʳᵉ partie. 1 vol. in-8 7 fr 50
Les Chevaliers poètes de l'Allemagne. — *Minnesinger.* 1 vol. in-8. . 5 fr.

AUBERTIN (CH.)
Sénèque et saint Paul. Étude sur les rapports supposés entre le philosophe et l'apôtre. (*Ouvrage couronné par l'Académie française.*) 1 vol. in-8. 7 fr.

D'AZEGLIO
L'Italie de 1847 à 1865. Correspondance politique publiée par M. Eug. Rendu. 1 vol. in-8 . . . . 7 fr.

BADER (CLARISSE)
La Femme dans l'Inde antique. (*Ouvrage couronné par l'Académie française.*) 1 vol. in-8. . . . . 6 fr.

BARANTE
Vie de Mathieu Molé. — *Le Parlement et la Fronde.* 1 vol. in-8. . . 6 fr.
Histoire du Directoire de la République française, complément de l'*Histoire de la Convention.* 3 forts volumes grand in-8 cavalier. . . . . 18 fr.
Études historiques et biographiques. 2 vol. in-8. . . . . 14 fr.
Études littéraires et historiques. 2 vol. in-8. . . . . 14 fr.
Pensées et réflexions morales et politiques du comte de Ficquelmont, précédées d'une notice par M. de Barante. 1 vol. in-8. . . . . 6 fr.
Œuvres dramatiques de Schiller, trad. de M. de Barante. Nouvelle édition revue. 3 vol. in-8. . . . . 18 fr.

BARET (E.)
Les Troubadours et leur influence sur les littératures du Midi de l'Europe. 1 vol. in-8. . . . . 6 fr.

BARTHÉLEMY (ED. DE)
Mesdames de France, filles de Louis XV. 1 vol. in-8. . . . . . 7 fr. 50
La Galerie des Portraits de mademoiselle de Montpensier : Éloges des seigneurs et dames, etc. Nouv. édit. avec notes. 1 vol. in-8. . . . 6 fr.

BASTARD D'ESTANG
Les Parlements de France. Essai historique sur leurs usages, leur organisation et leur autorité. 2 forts volumes in-8. . . . . 15 fr.

BAUDRILLART
Publicistes modernes. 1 fort vol. in-8. . . . . 7 fr.
Jean Bodin et son temps. Tableau des théories politiques et des idées économiques au XVIᵉ siècle. 1 vol. in-8. . . . . 7 fr.

BERRYER
Œuvres. 1ʳᵉ série. *Discours parlementaires.* 5 vol. in-8 . . . . 35 fr.

BERSOT (ERN.).
Morale et politique. 1 vol. in-8 . . . . 6 fr.
Essais de philosophie et de morale. 2 vol. in-8. . . . . 12 fr.

BERTAULD
Philosophie politique de l'histoire de France. 1 vol. in-8. . . . . 6 fr.
La Liberté civile. Nouv. études sur les publicistes contemporains. 1 v. in-8. 7 fr.

BERTRAND (ALEX.) ET GÉNÉRAL CREULY
Guerre des Gaules. Commentaires de J. César. Trad. nouv. avec texte. 2 vol. in-8. Le 1er est en vente. Prix du vol . . . . 7 fr.

BIMBENET (EUG.)
Fuite de Louis XVI à Varennes, d'après les documents judiciaires et administratifs, etc. 1 vol. in-8 avec des fac-simile. . . . . 7 fr. 50

J. F. BOISSONADE
Critique littéraire sous le Ier empire, avec une notice par M. Naudet, de l'Institut, et une étude de M. F. Colincamp, etc. 2 forts vol. in-8 avec portrait. 15 fr.

BONNEAU AVENANT
Madame de Miramion. Sa vie et ses œuvres charitables. (*Ouvrage couronné par l'Académie française*). 1 vol. in-8 orné d'un joli portrait. . . . 7 fr. 50

BONNECHOSE (ÉMILE DE)
Histoire d'Angleterre, depuis les temps les plus reculés jusqu'à l'époque de la Révolution française, avec un résumé chronologique des événements jusqu'à nos jours. (*Ouvrage couronné par l'Académie française.*) 2e édit. 4 vol in-8. . 28 fr.

BROGLIE (DUC DE)
Écrits et Discours. Philosophie, littérature, politique. 3 vol in-8. . . . 18 fr.

BROGLIE (A. DE)
Nouvelles études de littérature et de morale. 1 vol. in-8. . . . . . 7 fr.
L'Église et l'Empire romain au IVe siècle. — 3 parties en 6 vol. in-8. 42 fr.

BUNSEN (C.-C. J. DE)
Dieu dans l'histoire, traduction de M. Dietz, avec une étude biographique par M. Henri Martin. 1 fort vol. in-8 . . . . 7 fr. 50

CALDERON DE LA BARCA
Œuvres dramatiques, traduction de M. Ant. de Latour, avec une étude, des notices et des notes. 2 vol. in-8. . . . . 12 fr.

CARNÉ (L. DE)
Souvenirs de ma jeunesse au temps de la Restauration. 1 vol. in-8. 6 fr.
Les États de Bretagne. 2 vol. in-8. . . . . 12 fr.
Les Fondateurs de l'Unité française. Suger, saint Louis, Du Guesclin, Jeanne d'Arc, Louis XI, Henri IV, Richelieu, Mazarin. 2 vol. in-8. . . . . 12 fr.
La Monarchie française au XVIIIe siècle. Études historiques sur les règnes de Louis XIV et de Louis XV. Nouv. édit. 1 vol. in-8. . . . . 6 fr.

CHAIGNET (ED.)
Pythagore et la Philosophie pythagoricienne. (*Ouvrage couronné par l'Académie des Sciences morales*) 2 vol. in-8. . . . . 12 fr.

CHAMPOLLION LE JEUNE
Lettres écrites d'Égypte et de Nubie en 1828 et 1829. Nouv. édit. 1 vol. in-8 avec planches. . . . . 7 fr. 50

CHASLES (PHIL.)
Voyages d'un critique à travers la vie et les livres. *Première série*: **Orient.** — *Deuxième série*: **Italie et Espagne.** 2 vol. in-8. . . . . 12 fr.

CHASLES (ÉMILE)
Michel de Cervantes. Sa vie, son temps, etc. 1 vol. in-8. . . . . . 7 fr.

CHASSANG
Le Spiritualisme et l'idéal dans l'art et la poésie des Grecs. 1 vol. in-8. 6 fr.
Apollonius de Tyane, sa vie, ses voyages, ses prodiges, par l'PHILOSTRATE, et ses Lettres ; ouvr. trad. du grec, avec notes, etc. 1 vol. in-8. . . . . 6 fr.
Histoire du Roman dans l'antiquité grecque et latine, et de ses rapports avec l'histoire. (*Ouvrage couronné par l'Académie des inscriptions.*) 1 vol. in-8. 6 fr.

CHERRIER (DE)
Histoire de Charles VIII, roi de France. 2 vol. in-8. . . . . 14 fr.

CLÉMENT (CHARLES)
Prudhon, sa vie, ses œuvres et sa correspondance. 2ᵉ éd. 1 v. in-8. 6 fr.
Géricault. — *Étude biographique et critique*, avec le catalogue raisonné de l'œuvre du maître. 1 vol. in-8. . . . . 6 fr.

CLÉMENT (PIERRE)
L'Abbesse de Fontevrault, *Gabrielle de Rochechouart de Mortemart*. 1 vol. in-8, orné d'un portrait. . . . . 7 fr. 50
Enguerrand de Marigny, *Beaune de Semblançay, le chevalier de Rohan*. Épisodes de l'histoire de France. 2ᵉ édition. 1 vol. in-8. . . . . 6 fr.

COMBES (F.)
La Princesse des Ursins. Essai sur sa vie et son caractère politique. 1 v. in-8. 5 fr.

COURCY (MARQUIS DE)
L'Empire du Milieu. État et description de la Chine. 1 fort vol. in-8. . . . 9 fr.

COURDAVEAUX
Caractères et Talents. Études de littérature ancienne et moderne. 1 vol in-8. 6 fr.
Entretiens d'Épictète. trad. nouvelle et complète. 1 vol. in-8. . . . . . 7 fr.
Eschyle, Xénophon et Virgile. 1 vol. in-8. . . . . 5 fr.

COUSIN (V.)
La Jeunesse de Mazarin. 1 fort vol in-8. . . . . 7 fr.
La Société française au XVIIᵉ siècle, d'après le *Grand Cyrus*, roman de mademoiselle de Scudéry. 3ᵉ édit. 2 vol. in-8. . . . . 14 fr.
Madame de Chevreuse. 5ᵉ édit. 1 vol. in-8, orné d'un joli portrait. . . 7 fr.
Madame de Hautefort. 2ᵉ édit. 1 vol. in-8. avec un joli portrait. . . . 7 fr.
Jacqueline Pascal. 7ᵉ édition. 1 vol. in-8, *fac-simile* . . . . 7 fr.
La Jeunesse de madame de Longueville. 7ᵉ édit. 1 v. in-8, 2 port. 7 fr.
Madame de Longueville pendant la Fronde 2ᵉ édition.) 1 vol. in-8 . . 7 fr
Madame de Sablé. 2ᵉ édition. 1 vol. in-8. avec portrait. . . . . . . 7 fr.
Études sur Pascal. 1 vol. in-8. (*Sous presse.*)
Fragments et Souvenirs littéraires. 1 vol. in-8. . . . . 7 fr.
Premiers Essais de Philosophie. 4ᵉ édit. 1 vol. in-8 . . . . 6 fr.
Philosophie sensualiste du XVIIIᵉ siècle. Nouvelle édit. 1 vol. in-8. 6 fr.
Introduction à l'Histoire de la Philosophie. Nouv. édition. 1 vol. in-8. . 6 fr.
Histoire générale de la Philosophie depuis les temps les plus anciens jusqu'au XIXᵉ siècle. 10ᵉ édit. 1 vol. in-8. . . . . 7 fr. 50
Philosophie de Locke. Nouvelle édition entièrement revue. 1 vol. in-8. 6 fr.
Du Vrai, du Beau et du Bien, 17ᵉ édit. 1 vol. in-8 avec portrait. . . 7 r.
Fragments pour servir à l'histoire de la philosophie. 5 vol. in-8. . 30 r.
Séparément : Philosophie ancienne et du moyen âge. 2 vol. in-8.. 12 fr.
—— Philosophie moderne. 2 vol. in-8. . . . . 12 fr.
—— Philosophie contemporaine 1 vol. in-8. . . . . 6 fr.

CRAVEN (Mᵐᵉ AUG.), NÉE LA FERRONNAYS
Récit d'une Sœur. Souvenirs de famille. 19ᵉ édition. 2 vol. in-8, avec un beau portrait. . . . . 15 fr.

DANTIER (ALPH.)
Les Monastères bénédictins d'Italie. Souvenirs d'un voyage littéraire au delà des Alpes. (*Ouvrage couronné par l'Académie française.*) 2 vol. in-8. 15 fr.

DAUDVILLE
Physiologie des instincts de l'homme. 1 vol. in-8. . . . . 6 fr.

DELAPERCHE
Essai de philosophie analytique. 1 vol. in-8. . . . . 7 fr.

DELAUNAY (FERD.)
Philon d'Alexandrie. *Écrits historiq.*, trad. et préc. d'une intr. 1 v. in-8. 7 fr.
DELÉCLUZE (E.-J.)
Louis David, son école et son temps. Souvenirs. 1 vol. in-8.. . . . . . . 6 fr
DELOCHE (MAX.)
La Trustis et l'Antrustion royal sous les deux 1res races. 1 vol. gr. in-8. 10 fr.
DESJARDINS (ALBERT)
Les Moralistes français au XVIe siècle. (*Ouvr. cour. par l'Acad. franc.*) 1 vol. in-8. . . . . 7 fr. 50
DESJARDINS (ERNEST)
Le grand Corneille historien. 1 vol. in-8. . . . . 5 fr.
Alésia (7e CAMPAGNE DE JULES CÉSAR). Résumé du débat, etc., suivi de notes inédites de Napoléon 1er sur les COMMENTAIRES DE JULES CÉSAR. In-8, avec *fac-simile*. 5 fr.
DESNOIRESTERRES (GUST.)
Gluck et Piccinni. *La musique française au XVIIIe siècle.* 1 v. in-8. 7 fr. 50
Voltaire et la Société au XVIIIe siècle. 5 séries ou volumes : *La Jeunesse de Voltaire* (épuisé). *Voltaire à Cirey. Voltaire à la cour. Voltaire et Frédéric. Voltaire aux Délices.* Le vol. à. . . . . 7 fr. 50
DREYSS (CH.)
Mémoires de Louis XIV POUR L'INSTRUCTION DU DAUPHIN. 1re édit. complète, avec une étude sur la composition des Mémoires et des notes. 2 vol. in-8. . 12 fr.
DUBOIS (D'AMIENS) (FRÉD.)
Éloges prononcés à l'Académie de médecine. PARISET, BROUSSAIS, ANT. DUBOIS, RICHERAND, BOYER, ORFILA, CAPURON, DENEUX, RÉCAMIER, ROUX, MAGENDIE, GUÉNEAU DE MUSSY, G. SAINT-HILAIRE, CHOMEL, THENARD, etc., etc. 2 vol. in-8. 10 fr.
DUBOIS-GUCHAN
Tacite et son siècle, ou la société romaine impériale, d'Auguste aux Antonins, dans ses rapports avec la société moderne. 2 beaux volumes in-8. . . . 14 fr.
De l'Esprit de mon temps au point de vue moral. 1 vol. in-8. . . . . 4 fr.
A. DUCASSE
Le général Vandamme et sa correspondance. 2 vol. in-8. . . . . . . 12 fr.
DUCLOS (H.)
Madame de La Vallière et Marie Thérèse d'Autriche, femme de Louis XIV, avec pièces et documents inédits. 2e édit., 2 vol. in-8. . . . . 10 fr.
DU MERIL (ÉDELST.)
Histoire de la Comédie ancienne. 2 vol. in-8. . . . . 14 fr.
DURAND DE LAUR
Erasme, sa vie, son œuvre. 2 forts vol. in-8. . . . . 15 fr.
EGGER
L'Hellénisme en France. Leçons sur l'influence des études grecques sur la langue et la littérature françaises. 2 vol. in-8. . . . . 15 fr.
FABRE (A.)
La Correspondance de Fléchier avec Madame des Houlières et sa fille. 1 vol. in-8. . . . . 6 fr.
FALLOUX (Cte DE)
Madame Swetchine. Sa vie et ses pensées, publiées par M. DE FALLOUX. 11e édit. 2 vol. in-8, ornés d'un portrait. . . . . 15 fr.
Lettres de madame Swetchine, publ. par M. DE FALLOUX. 5 vol. in-8. 22 fr. 50
Correspondance du P. Lacordaire avec madame Swetchine, publiée par M. DE FALLOUX. 1 vol. in-8. . . . . 7 fr. 50
Étude sur madame Swetchine, par Ern. Naville. In-8. . . . . . 1 fr. 50
FAVRE (L.)
Le chancelier Estienne Denis Pasquier. Souvenirs de son dernier secrétaire. 1 vol. in-8. avec portrait.. . . . . 7 fr. 50
FERRARI (J.)
La Chine et l'Europe, leur hist. et leurs traditions comparées. 1 vol. in-8. 7 f. 50
Histoire des Révolutions d'Italie, ou Guelfes et Gibelins. 4 vol. in-8. 24 fr.
FERRI (LOUIS)
Histoire de la Philosophie en Italie au XIXe siècle. 2 vol. in-8. . . . 12 fr.

FEUGÈRE (LÉON)
Les Femmes poëtes au XVIe siècle, étude suivie de notices sur M¹¹ᵉ de Gournay, d'Urfé, Montluc, etc. 1 vol. in-8. . . . . 5 fr.

FLAMMARION
Récits de l'infini. *Lumen, Histoire d'une comète,* etc. 1 vol. in-8. . . . 6 fr.
La Pluralité des mondes habités. Étude où l'on expose les conditions d'habitabilité des terres célestes, etc. Nouv. édit. 1 fort vol. in-8 avec figures. . 7 fr.

FRANCK (AD.)
Moralistes et Philosophes. 1 vol. in-8. 1872. . . . . 7 fr. 50
Philosophie et Religion. 1 vol. in-8. . . . . 7 fr. 50

GANDAR
Lettres et souvenirs d'enseignement, publiés par sa famille, avec une *Étude* par M. SAINTE-BEUVE. 2 vol. in-8. . . . . 15 fr.
Choix de Sermons de la jeunesse de Bossuet. Édition critique d'après les textes, avec introduction, notes et notices. 1 vol. in-8, 5 fac-similé. . 7 fr. 50

GEFFROY (A.)
Rome et les Barbares. Étude sur la *Germanie* de Tacite. 1 vol. in-8. 7 fr. 50
Lettres inédites de Mᵐᵉ des Ursins, avec une introd. et des notes. 1 v. in-8. 6 fr.

GERMOND DE LAVIGNE
Le Don Quichotte de FERNANDEZ AVELLANEDA, traduit de l'espagnol et annoté. 1 beau vol. in-8. . . . . 5 fr.

GERUZEZ
Histoire de la littérature française jusqu'à la Révolution. (*Ouvrage couronné par l'Académie française.*) Nouvelle édition. 2 vol. in-8 . . . . 14 fr.

GODEFROY-MENILGLAISE (Mⁱˢ DE)
Les savants Godefroy. Mémoires d'une famille pendant les XVIe, XVIIe et XVIIIe siècles. 1 vol. in-8. . . . . 7 fr.

GODEFROY (F.)
Lexique comparé de la langue de Corneille et de la langue du XVIIe siècle en général. (*Ouvrage couronné par l'Académie française.*) 2 vol. in-8. . . . 15 fr.

GRASSET (LE PRÉSIDENT)
Madame de Choiseul et son temps. Étude de la société de la fin du XVIIIe siècle. 1 vol. in-8. . . . . 6 fr.

GUADET
Les Girondins, leur vie politique et privée, leur proscription, leur mort. 2 vol. in-8. . . . . 12 fr.

GUÉRIN (MAURICE DE)
Journal, lettres et fragments, publiés par M. TREBUTIEN, avec une étude par M. SAINTE-BEUVE. 1 volume in-8. . . . . 7 fr.

GUÉRIN (EUGÉNIE DE)
Journal et lettres, publiés par M. TREBUTIEN. (*Ouvrage couronné par l'Académie française.*) 2 vol. in-8. . . . . 14 fr.

GUIZOT
Sir Robert Peel, étude d'histoire contemporaine, accompagnée de fragments inédits des Mémoires de Robert Peel. Nouvelle édition. 1 vol. in-8. . . 6 fr.
Histoire de la Révolution d'Angleterre, depuis l'avénement de Charles Iᵉʳ jusqu'à la mort de R. Cromwell (1625-1660). 6 vol. in-8, en 3 parties . . . 42 fr.
— **Histoire de Charles Iᵉʳ**, depuis son avénement jusqu'à sa mort (1625-1649) précédée d'un *Discours sur la Révolution d'Angleterre.* 8ᵉ édit. 2 vol. in-8. 14 fr.
— **Histoire de la République d'Angleterre et de Cromwell** (1649-1658). 2ᵉ édit. 2 vol. in-8. . . . . 14 fr.
— **Histoire du protectorat de Richard Cromwell**, et du *Rétablissement des Stuarts* (1659-1660). 2ᵉ édit. 2 vol. in-8. . . . . 14 fr.
Études sur l'Histoire de la Révolution d'Angleterre. 2 vol. in-8 :
— **Monk. Chute de la République.** 5ᵉ édit. 1 vol. in-8, portrait. . . . . 6 fr.
— **Portraits politiques** des hommes des divers partis : *Parlementaires, Cavaliers, Républicains, Niveleurs.* Études historiques. Nouv. édit. 1 vol. in-8. 6 fr.
Essais sur l'Histoire de France. 10ᵉ édit. 1 vol. in-8 . . . . 6 fr.

GUIZOT (suite.)

Histoire des origines du gouvernement représentatif et des institutions politiques de l'Europe, etc. Nouv. édit. 2 vol. in-8. . . . . 10 fr.
Histoire de la civilisation en Europe et en France, depuis la chute de l'empire romain jusqu'à la Révolution française. Nouv. édition. 5 vol. in-8. 30 fr.
Discours académiques, suivis des discours prononcés pour la distribution des prix au Concours général et devant diverses sociétés, etc. 1 vol. in-8. . . 6 fr.
Corneille et son temps. Étude littéraire, etc. 1 vol. in-8. . . . . . . 6 fr.
Méditations et Études morales et religieuses. Nouv. édit. 1 vol. in-8. 6 fr.
Études sur les beaux-arts en général. 3ᵉ édit. 1 vol. in-8. . . . . . . 6 fr.
De la Démocratie en France. 1 vol. in-8 de 164 pages. . . . . . . 2 fr. 50
Abailard et Héloïse. Essai historique par M. et Mᵐᵉ Guizot, suivi des *Lettres d'Abailard et d'Héloïse*, traduites par M. Oddoul. Nouv. édit. 1 vol. in-8. 6 fr.
Grégoire de Tours et Frédégaire. — Histoire des Francs et Chronique, trad. Nouv. édit. revue et augmentée de la *Géographie de Grégoire de Tours et de Frédégaire*, par M. Alfred Jacobs. 2 vol. in-8, avec une carte spéciale. . 14 fr.
Cet ouvrage est autorisé par décision ministérielle pour les Écoles publiques.
Œuvres complètes de W. Shakspeare, traduction nouvelle de M. Guizot, avec notices et notes. 8 vol. in-8. . . . . 48 fr.
Histoire de Washington et de la fondation de la république des États-Unis, par M. C. de Witt, avec une Introduction par M. Guizot. 3ᵉ édition, revue et augmentée. 1 vol. in-8, avec portraits et carte. . . . . 7 fr.
Dictionnaire universel des synonymes de la langue française, contenant les synonymes de Girard, Beauzée, Roubaud, d'Alembert, etc., augmenté d'un grand nombre de nouveaux synonymes, par M. Guizot, 8ᵉ édit. 1 vol. gr. in-8. . . . 12 fr.
L'introduction de cet ouvrage est autorisée dans les Établissements d'instruction publique

GUIZOT (GUILLAUME)

Ménandre. Étude historique et littéraire sur la Comédie et la Société grecques. (*Ouvrage couronné par l'Académie française.*) 1 vol. in-8, avec portrait. . . 6 fr.

HALLEGUEN (D')

Armorique et Bretagne. Origines armorico-bretonnes. 2 vol. in-8. . . 12 fr.

HOUSSAYE (ARSÈNE)

Histoire de Léonard de Vinci. 1 vol. in-8 avec portrait 7 50

HOUSSAYE (HENRY)

Histoire d'Alcibiade et de la République athénienne, depuis la mort de Périclès jusqu'à l'avènement des trente tyrans. 2 volumes in-8, ornés d'un beau portrait. . . . . 14 fr.
Histoire d'Apelles. Études sur l'art grec. 1 vol. in-8. . . . . 7 fr.

J. JANIN

La Poésie et l'Éloquence à Rome au temps des Césars. 1 vol. in-8. 6 fr.

JOBEZ (AD.)

La France sous Louis XV (1715-1774). 6 vol. in-8. (*Ouv. terminé.*). 36 fr.

JULIEN (ERN.)

La Chasse. Son histoire et sa législation. 1 vol. in-8. . . . . 7 fr.

JUSTE (THÉOD.)

Le Soulèvement des Pays-Bas contre la domination espagnole. 2 vol. in-8. . . . . 14 fr.
Vie de Marnix de Sainte-Aldegonde — 1538-1568 — 1 vol. in-8. . . . 5 fr.

LEON LAGRANGE

Joseph Vernet et la Peinture au XVIIIᵉ siècle, avec grand nombre de documents inédits. 1 volume in-8. . . . . 6 fr.
Pierre Puget, peintre, sculpteur architecte, etc. 1 vol. in-8. . . . . 6 fr.

LAMENNAIS

Correspondance inédite, publiée par M. Forgues. 2 vol. in-8. . . . . 10 fr

LAPATZ

Lettres de Synésius, traduites pour la première fois et suivies d'études, etc. 1 vol. in-8. . . . . 7 fr.

LAPRADE (V. DE)

Poëmes civiques. 1 vol. in-8 . . . . 6 fr.
Questions d'art et de morale. 1 vol. in-8. . . . . 6 fr.
Le Sentiment de la nature avant le Christianisme et chez les modernes. 2 vol. in-8. . . . . 15 fr.

LAVOLLÉE (RENÉ)
Portalis, *sa vie et ses œuvres.* 1 vol. in-8 . . . . 6 fr.

LECOY DE LA MARCHE
L'Académie de France à Rome. Correspondance inédite de ses Directeurs publiée avec une étude et des notes. 1 vol. in-8. . . . . . . 6 fr.
La Chaire française au moyen âge, et spécialement au XIIIᵉ siècle. (*Ouvrage couronné par l'Académie des inscriptions.*) 1 vol. in-8. . . . . 8 fr.

LE DIEU (L'ABBÉ)
Mémoires et Journal de l'abbé Le Dieu, sur la vie et les ouvrages de Bossuet, publiés sur les manuscrits autographes. 4 vol. in-8. . . . . 20 fr.

LÉLUT
Physiologie de la pensée. Recherche critique des rapports du corps à l'esprit. 2 vol. in-8. . . . . 12 fr.

LEMOINE (ALB.)
L'Aliéné devant la philosophie, la morale et la société. 1 vol. in-8. . . 6 fr.

LESSING
La Dramaturgie de Hambourg, trad. d'Éd. DE SUCKAU et L. CROUSLÉ, avec une étude par M. A. MÉZIÈRES. 1 vol. in-8. . . . . 7 fr.
Théâtre choisi de LESSING et KOTZEBUE, avec notices et notes; traduit par MM. de BARANTE et FRANK. 1 vol. in-8. . . . . 6 fr.

LEZAT (L'ABBÉ)
De la Prédication sous Henri IV. 1 vol. in-8. . . . . 5 fr.

LITTRÉ
Histoire de la langue française. Études sur les origines, l'étymologie, la grammaire, etc. 4ᵉ édit. 2 vol. in-8. . . . . 14 fr.

LIVET (CH.)
La Grammaire française et les Grammairiens du XVIIᵉ siècle. (*Mention très-honorable de l'Académie des inscriptions.*) 1 fort vol. in-8. . . 7 fr.

LOPE DE VEGA
Œuvres dramatiques. Trad. de M. E. BARET, avec une Étude, notices, notes. 2 vol. in-8. . . . . 12 fr.

LORGERIL (Vᵗᵉ DE)
Poëmes. 1 vol. in-8. . . . . 6 fr.

LOVE
Le Spiritualisme rationnel, à propos des divers moyens d'arriver à la connaissance, etc. 1 vol. in-8. . . . . 6 fr.

J. TH. LOYSON (L'ABBÉ)
L'Assemblée du clergé de France *de 1682,* d'après des documents dont un grand nombre inconnus jusqu'à ce jour. 1 vol. in-8. . . . . . 7 fr.

MAINE DE BIRAN
Vie et Pensées, publiées par Em. Naville. 2ᵉ édit. augm. 1 vol. in-8. 7 fr. 50

MARTHA BECKER
Matérialisme et panthéisme. 1 vol. in-8. . . . . 5 fr.

MARTIN (HENRI)
Études d'Archéologie celtique, 1 vol. in-8. . . . . 7 fr. 50

MARY (D')***
Le Christianisme et le Libre Examen. Discussion des arguments apologétiques. 2 vol. in-8. . . . . 12 fr.

MATTER
Le Mysticisme en France au temps de Fénelon. 1 vol. in-8. . . . 6 fr.
Swedenborg. Sa vie, ses écrits, sa doctrine. 1 vol. in-8. . . . . . 6 fr.
Saint-Martin, *le Philosophe inconnu,* sa vie, ses écrits, etc. 1 vol. in-8. 6 fr.

MAURY (ALF.)
Les Académies d'autrefois. 2 parties :
— *L'ancienne Académie des sciences.* 1 volume in-8. . . . . . . 6 fr.
— *L'ancienne Académie des inscriptions et belles-lettres.* 1 volume in-8. 6 fr.

MEAUX (Vte DE)
La Révolution et l'Empire. Étude d'histoire politique. 1 vol. in-8.. . . . 6 fr

MÉNARD (L. ET R.)
La Sculpture antique et moderne. 1 vol. in-8. . . . . 6 fr.
La Morale avant les philosophes. 1 vol. in-8. . . . . 3 fr. 50

MÉZIÈRES (ALF.)
Pétrarque. Étude d'après des documents nouveaux. (*Ouvrage couronné par l'Académie française.*) 1 vol. in-8. . . . . 7 fr. 50
Gœthe. Les œuvres expliquées par la vie. 2 vol. in-8 . . . . 15 fr.

MICHAUD (ABBÉ)
Guillaume de Champeaux et les écoles de Paris au XIIe siècle. 1 vol. in-8. 7 fr.

MIGNET
Éloges historiques : *Jouffroy, de Gérando, Laromiguière, Lakanal, Schelling, Portalis, Hallam, Macaulay.* 1 vol. in-8.. . . . . 6 fr.
Antonio Perez et Philippe II. 4e édition. 1 vol. in-8. . . . . 6 fr.
Charles-Quint, SON ABDICATION, SON SÉJOUR ET SA MORT AU MONASTÈRE DE YUSTE. 5e édit., revue et corrigée. 1 beau vol. in-8. . . . . 6 fr.
Histoire de la Révolution française. 11e édit. 2 vol. in-8. (*Sous presse*).

MOLAND (LOUIS)
Origines littéraires de la France. Roman, Légende, etc. 1 vol. in-8. 6 fr.

MONNIER (F.)
Le Chancelier d'Aguesseau, etc., avec des documents inédits et des ouvrages nouveaux du Chancelier. (*Ouvr. cour. par l'Acad. franç.*) 2e édit. 1 vol. in-8. 6 fr.

MONTALEMBERT (COMTE DE)
L'Église libre dans l'État libre. 1 vol. in-8. . . . . 2 fr. 50

MORAND (F.)
Les jeunes années de Sainte-Beuve. 1 vol. in-8. . . . . 3 fr.

MORET (ERNEST)
Quinze ans du règne de Louis XIV. 1700-1715. (*Ouvrage couronné par l'Académie française, 2e prix Gobert.*) 3 vol. in-8. . . . . 15 fr.

MOURIN (ERN.)
Les Comtes de Paris. Histoire de l'Avènement de la 3e race. (*Ouvrage cour. par l'Académie française. 2e prix Gobert.*) 1 vol. in-8 . . . . 7 fr.

NOURRISSON
Tableau des progrès de la pensée humaine. Les philosophes et les philosophies depuis Thalès jusqu'à Hegel. 3e édit. revue et augm. 1 vol. in-8. 7 fr. 50
Philosophie de saint Augustin. (*Ouvrage couronné par l'Académie des sciences morales.*) 2 vol. in-8. . . . . 14 fr.
La Nature humaine. Essais de psychologie appliquée. (*Ouvrage couronné par l'Académie des sciences morales.*) 1 vol. in-8. . . . . 7 fr.
Essai sur Alexandre d'Aphrodisias, suivi du traité *du Destin et du Libre pouvoir,* traduit en français pour la première fois. 1 vol. in-8. . . . . 6 fr.

NOUVION (V. DE)
Histoire du règne de Louis-Philippe Ier (1830-1840). 4 vol. in-8. . . 24 fr

PELLISSON ET D'OLIVET
Histoire de l'Académie française. Nouv. édit. avec une introduction, des notes et éclaircissements, par M. Ch. LIVET. 2 gros vol. in-8. . . . . . 12 fr.

PENGUER (Mme A.)
Velléda. 3e édit. 1 vol. in-8. 6 fr.

PERRENS
La Démocratie en France au moyen-âge. (*Ouvrage couronné par l'Institut.*) 2 vol. in-8. . . . . 12 fr.
Les Mariages espagnols sous Henri IV et Marie de Médicis. (*Ouvrage couronné par l'Académie française.*) 1 vol. in-8. . . . . 7 fr.

POTIQUET
L'Institut national de France. Ses diverses organisations. — Ses membres. — Ses associés et correspondants (20 nov. 1795. — 19 nov. 1869). 1 vol. in-8. 8 fr.

POUGEOIS (L'ABBÉ)
Vansleb, *savant orientaliste et voyageur*; sa vie, sa disgrâce, ses œuvres. 1 vol. in-8. . . . . 7 fr.

POUJADE (EUG.)
Chrétiens et Turcs, scènes et souvenirs de la vie politique, militaire et religieuse en Orient. 1 fort vol. in-8. . . . . 6 fr.

PRELLER
Les Dieux de l'ancienne Rome. *Mythologie romaine*, trad. par M. Dietz, avec préface de M. Alf. Maury. 1 vol. in-8. . . . . 7 fr. 50

RAYNAUD (MAURICE)
Les Médecins au temps de Molière. Mœurs, Institutions, Doctr. 1 v. in-8. 6 fr.

RÉAUME (EUG.)
Les Prosateurs français au XVI° siècle. 1 vol. in-8. . . . . 6 fr.

REYNALD (H.)
Mirabeau et la constituante. (*Ouv. cour par l'Acad. franç.*) 1 v. in-8. 7 fr. 50

RIBOT
Philosophie de la Société. Étude sur notre organisation sociale. 1 vol. in-8. 6 fr.

ROSELLY DE LORGUES
Christophe Colomb. Sa vie et ses voyages. 3° édit. 2 vol. in-8, portr. . . 12 fr.

ROUGEMONT
L'Age du Bronze, ou les *Sémites en Occident*, matériaux pour servir à l'histoire de la haute antiquité. 1 vol. in-8. . . . . 7 fr.

ROUSSET (CAMILLE)
Le Comte de Gisors, 1732-1758, étude historique. 1 vol. in-8 . . . 7 fr.
Histoire de Louvois et de son administration politique et militaire. (*Ouvrage couronné par l'Académie française. 1" prix Gobert.*) 3° édit. 4 vol. in-8. 28 fr.
Correspondance de Louis XV et du maréchal de Noailles. 2 v. in-8. 12 fr.

P. ROUSSELOT
Les Mystiques espagnols. 2° édit. 1 vol. in-8. . . . . 7 fr. 50

SACY (S. DE)
Variétés littéraires, morales et historiques. 2° édit. 2 vol. in-8. . . . 14 fr.

J. BARTHÉLEMY SAINT-HILAIRE
Le Bouddha et sa religion. Nouv. édition, revue et augm. 1 vol. in-8. . 7 fr.
Mahomet et le Coran. Précédé d'une introduction sur les devoirs mutuels de la philosophie et de la religion. 1 vol. in-8. . . . . 7 fr.
L'Iliade d'Homère, trad. en vers français. 2 vol in-8. . . . . . . 16 fr.

SAISSET (E.)
Le Scepticisme. — Ænésidème. — Pascal. — Kant. — Études, etc. 1 vol. in-8. 6 fr.
Précurseurs et Disciples de Descartes. Études d'histoire et de philosophie. 1 vol. in-8. . . . . 6 fr.

SALVANDY (N. DE)
Histoire de Sobieski et de la Pologne. 2 vol. in-8. Nouvelle édition. . . 14 fr
Don Alonso, ou l'Espagne; histoire contemporaine. Nouv. édit. 2 v. in-8. 14 fr.
La Révolution de 1830 et *le Parti révolutionnaire*. Nouv. édit. 1 vol. in-8. 1855. . . . . 5 fr

SAULCY (F. DE)
Voyage en terre sainte. 2 vol. grand in-8. . . . . 20 fr.
Histoire de l'Art judaïque, d'après les textes sacrés et profanes. 1 vol. in-8. 6 fr.
Les Campagnes de Jules César dans les Gaules. Études d'archéologie militaire. 1 vol. in-8, fig. . . . . 7 fr.

SAYOUS (A.)

Le Dix-huitième siècle à l'Etranger. — Histoire de la littérature française en Angleterre, en Prusse, en Suisse, en Hollande, etc., depuis Louis XV jusqu'à la Révolution. (*Ouvr. cour par l'Académie franç.*) 2 vol. in-8. 12 fr.

SCHILLER

Œuvres dramatiques, trad. de M. DE LABASTE. Nouv. édit. entièrement revue, accompagnée d'une étude, de notices et de notes. 3 vol. in-8. . . . . 18 fr.

SCHNITZLER

Rostoptchine et Kutusof. *La Russie en* 1812. Tableau de mœurs et essai de critique historique. 1 vol. in-8 . . . . 6 fr.

SCLOPIS (F.)

Hist.ire de la Législation italienne, trad. par M. CH. SCLOPIS. 2 v. in-8. 10 fr.

SHAKSPEARE

Œuvres complètes, traduct. de M. GUIZOT. Nouvelle édition revue, accompagnée d'une Étude sur Shakspeare, de notices, de notes. 8 vol. in-8. . . . . 48 fr.

SO EL

Le Couvent des Carmes et le Séminaire de Saint-Sulpice pendant la Terreur, 1 vol. in-8 avec planches . . . . 7 fr.

DANIEL STERN

Dante et Gœthe. Dialogues. 1 vol. in-8. . . . . 6 fr.

STAAFF

Lectures choisies de littérature française depuis la formation de la langue jusqu'à nos jours. 3ᵉ édition. 3 vol in-8 divisés en six cours. . . . . . 25 fr.

TAILLANDIER (SAINT-RENÉ)

La Serbie. Kara George et Milosch. 1 vol. in 8. . . . . 7 fr. 50

THIERRY (AMÉDÉE)

Saint Jean Chrysostome et Eudoxie. 1 vol. in-8 . . . . 8 fr.
Trois Ministres des fils de Theodose. Nouveaux Récits de l'histoire romaine. 1 vol. in-8 . . . . 7 fr.
Récits de l'Histoire romaine au vᵉ siècle. 5ᵉ édit. 1 vol. in-8. . . . . 7 fr.
Tableau de l'Empire romain, depuis la fondation de Rome jusqu'à la fin du gouvernement impérial en Occident. 4ᵉ édit. 1 vol. in-8. . . . . . 7 fr.
Histoire d'Attila, de ses fils et de ses successeurs en Europe. Nouv. édit. revue. 2 vol. in-8 . . . . 14 fr.
Histoire des Gaulois jusqu'à la domination romaine. 6ᵉ éd. rev. 2 v in-8. 14 fr.
Histoire de la Gaule sous la domination romaine. 3 vol. in-8. Tomes I et II en vente. Le vol. à. . . . . 7 fr.

TISSOT

L'Imagination. Ses bienfaits et ses égarements, surtout dans le domaine du merveilleux. 1 vol. in-8. . . . . 7 fr. 50
Turgot. Sa vie, son administration, ses ouvrages. (*Ouvrage couronné par l'Académie des sciences morales.*) 1 vol. in-8.. . . . . 5 fr.
Les Possédées de Morzine. Broch. in-8. . . . . 1 fr.

TOPIN (MARIUS)

L'Homme au masque de fer. (*Ouv. cour. par l'Acad. franç.*) 1 vol. in-8. 7 fr.
L'Europe et les Bourbons sous Louis XIV. (*Ouvrage couronné par l'Académie française. Prix Thiers.*) 1 vol. in-8. . . . . 7 fr.

VILLEMAIN

Histoire de Grégoire VII. 2ᵉ édit. 2 vol. in-8. . . . . 15 fr.
Souvenirs contemporains d'Histoire et de Littérature. Première partie : M. DE NARBONNE, etc. 7ᵉ édit. 1 vol. in-8. . . . . 7 fr.
Souvenirs contemporains d'Histoire et de Littérature. Deuxième partie : LES CENT-JOURS. 1 vol. in-8. Nouv. édit. . . . . 7 fr.
La République de Cicéron, traduite avec une introduction et des suppléments historiques. 1 vol. in-8.. . . . . 6 fr

VILLEMAIN (suite)

Choix d'Études sur la littérature contemporaine : *Rapports académiques*, Études sur *Chateaubriand, A. de Broglie, Nettement*, etc. 1 vol. in-8. . . . . . . 6 fr.
Cours de Littérature française : le *Tableau de la Littérature au XVIII° siècle* et le *Tableau de la Littérature au moyen âge*. Nouv. édit. 6 vol in-8. 36 fr.
Tableau de l'éloquence chrétienne au iv° siècle, etc. Nouv. édit. 1 fort vol). in-8. . . . . 6 fr.
Discours et Mélanges littéraires : *Éloges de Montaigne et de Montesquieu. — Sur Fénelon et sur Pascal. — Rapports et discours académiques.* Nouv. édit. 1 vol. in-8. . . . . 6 fr.
Études de Littérature ancienne et étrangère . *Hérodote, Lucrèce, Lucain, Cicéron, Tibère et Plutarque. — Les romans grecs. — Shakspeare; Milton; Buron*, etc. Nouv. édit. 1 vol. in-8. . . . . 6 fr.
Études d'Histoire moderne : *Discours sur l'état de l'Europe au XI° siècle. — Lascaris. — Essai historique sur les Grecs — Vie de l'Hôpital.* 1 vol. in-8. 6 fr.
Essais sur le génie de Pindare et la poésie lyrique, etc. 1 vol. in-8. 6 fr.

VILLEMARQUÉ (H. DE LA)

Barzaz Breiz. *Chants populaires de la Bretagne*, recueillis et annotés avec musique. 1 vol. in-8. . . . . 7 fr. 50
Le grand Mystère de Jésus. Drame breton du moyen âge, avec une Étude sur le théâtre chez les nations celtiques. 1 vol. in-8, pap. de Hollande. . . . 12 fr.
— Le même, pap. ordinaire. . . . . 7 fr.
La Légende celtique et la poésie des cloîtres, etc. 1 vol. in-8. . 6 fr.
Les Bardes bretons. Poèmes du vi° siècle, traduits en français avec fac-simile. Nouv. édit. 1 vol. in-8. . . . . 7 fr.
Les Romans de la Table ronde et les Contes des anciens Bretons. Nouv. édit. 1 vol in-8. . . . . 7 fr.
Myrdhinn ou l'Enchanteur Merlin. Son histoire, ses œuvres, son influence. 1 vol. in-8. . . . . 7 fr.

VINET (E.)

L'Art et l'Archéologie. 1 vol. in-8. . . . . 7 fr. 50

VITU (AUG.)

Histoire civile de l'armée, ou des conditions du service militaire en France avant la formation des armées permanentes. 1 vol. in-8. . . . . 6 fr.

VOLTAIRE

Lettres inédites de Voltaire, publiées par MM. de Cayrol et François, avec une Introduction par M. Saint-Marc Girardin. 2° édit. augmentée. 2 vol. in-8. 12 fr.
Voltaire à Ferney. Correspondance inédite avec la duchesse de Saxe-Gotha, nouvelles Lettres et Notes historiques inédites, publiées par MM. Ev. Bavoux et A. François. Nouv. édit. augmentée. 1 vol. in-8. . . . . 6 fr.
Voltaire et le président de Brosses. Correspondance inédite, suivie d'un Supplément etc., publiée avec notes, par M. Th. Foisset. 1 vol. in-8. . . . . 5 fr.

WADDINGTON

Dieu et la Conscience. 1 vol in 8. . . . . 6 fr.

WIDAL

Juvénal et ses satires. Études littéraires et morales. 1 vol. in-8. . . 7 fr.

WITT (CORNÉLIS DE)

Études sur l'histoire des États-Unis d'Amérique. 2 volumes :
— **Thomas Jefferson**. Étude historique sur la démocratie américaine. 2° édit. 1 vol. in-8, orné d'un portrait. 7 fr.
— **Histoire de Washington** *et de la fondation de la République des États-Unis*, avec une Étude par M. Guizot. 3° édit. 1 vol. in-8, portraits et carte. . 7 fr.

ZELLER

Origines de l'Allemagne et de l'empire germanique. 1 volume in-8 avec cartes. . . . . 7 fr. 50
Fondation de l'Empire germanique. 1 vol. in-8 avec 2 cartes. . . 7 fr. 50

DISCOURS ACADÉMIQUES

Discours de MM. Saint-Réné Taillandier et Nisard, à l'Académie française, le 22 janvier 1873. In-8. 1 fr.
Discours de MM. de Loménie et J. Sandeau, séance du 8 janvier 1874. In-8 . . . . 1 fr.
Discours de MM. de Viel Castel et X. Marmier, séance du 27 novembre 1873, in-8 . . . . 1 fr.
Discours de MM. Littré et de Champagny séance du 5 juin 1873. In-8. . . . . 1½ fr.
Discours de MM. le duc d'Aumale et Cuvillier Fleury, séance du 3 avril 1873. In-8. . . . . 1 fr.
Discours de MM. Rousset et d'Haussonville, séance du 2 mars 1872. In-8. 1 fr.
Discours de MM. Duvergier de Hauranne et Cuvillier-Fleury, séance du 29 février 1872. In-8. . . . . 1 fr.
Discours de MM. X. Marmier et Cuvillier-Fleury, séance du 7 décembre 1871. In-8. . . . . 1 fr.
Discours de MM. Jules Janin et Camille Doucet, séance du 9 novembre 1871. In-8 . . . . 1 fr.
Discours de MM. Barbier et Silvestre de Sacy, séance du 17 mai 1870. In-8. . . . . 1 fr.
Discours de MM. d'Haussonville et Saint-Marc Girardin, séance du 13 mars 1870. In-8. 1 fr.
Discours de MM. de Champagny et Silvestre de Sacy, séance du 10 mars 1870. In-8. . . . . 1 fr.
Discours de MM. Autran et Cuvillier-Fleury, séance du 8 avril 1869. In-8. . . . . 1 fr.
Discours de MM. Claude Bernard et Patin, séance du 27 mai 1869. In-8. . . . . 1 fr.
Discours de MM. Jules Favre et Ch. de Rémusat, séance du 23 avril 1868. . . . . 1 fr.
Discours de MM. l'abbé Gratry et Vitet, séance du 26 mars 1868. . . 1 fr.
Discours de MM. Cuvillier-Fleury et Nisard, séance du 11 avril 1867. 1 fr.
Discours de M. Guizot, en réponse à celui de M. Prévost-Paradol, séance du 8 mars 1866. . . . . 50 c.
Discours de MM. Camille Doucet et Sandeau, séance du 22 février 1866. 1 fr.
Discours de MM. Dufaure et Patin, séance du 7 avril 1864. In-8. . . 1 fr.
Discours de MM. le comte de Carné et Viennet, séance du 4 février 1864. In-8. . . . . 1 fr.
Discours de MM. le prince de Broglie et Saint-Marc-Girardin, séance du 26 février 1863. In-8. . . . . 1 fr.
Discours de MM. J. Sandeau et Vitet, séance du 26 mai 1859. In-8. . 1 fr.
Discours de MM. de Laprade et Vitet, séance du 17 mars 1859. In-8. 1 fr.
Discours de MM. le comte de Falloux et Brifaut, séance du 26 mars 1857. In-8. . . . . 1 fr.
Discours de MM. Biot et Guizot, séance du 5 février 1857. In-8. . . 1 fr.
Discours de MM. le duc de Broglie et Désiré Nisard, séance du 3 avril 1856. In-8. . . . . 1 fr.
Discours de MM. Silvestre de Sacy et de Salvandy, séance du 22 juin 1855. In-8. . . . . 1 fr.
Discours de MM. Berryer et de Salvandy, séance du 22 février 1853. In-8. . . . . 1 fr.
Discours de MM. Villemain et Guizot, à l'Académie française (séance annuelle du 25 août 1859). In-8. . . . . 1 fr.
Notice historique sur la vie et les travaux de M. Victor Cousin, par M. Mignet, séance du 16 janvier 1869. In-8 . . . . 1 fr.
Éloge de M. Horace Vernet, par M. Beulé, prononcé à l'Académie des beaux-arts, le 5 octobre 1863. In-8. . . . . 1 fr.
Éloge de M. Hippolyte Flandrin, par M. Beulé, prononcé à l'Académie des beaux-arts, le 19 novembre 1864. In-8. . . . . 1 fr.
Éloge de M. Meyerbeer, par M. Beulé, à l'Académie des Beaux-Arts, le 28 octobre 1865. In-8. . . . . 1 fr.

BIBLIOTHÈQUE ACADÉMIQUE
Format in-12.

ALAUX
La Raison.—Essai sur l'avenir de la philosophie. 1 vol. . . . . 3 fr.

AMPÈRE (J.-J.)
Formation de la langue française. Complément de l'**Histoire littéraire de la France**. 3ᵉ édition revue et annotée. 1 fort vol. . . . . 4 fr.
Histoire littéraire de la France avant et sous Charlemagne. 3ᵉ édition revue. 3 vol. . . . . 10 fr. 50
La Grèce, Rome et Dante, études littéraires. 3ᵉ édit. 1 vol. . . . . 3 fr. 50
La Science et les Lettres en Orient. 2ᵉ édit. 1 vol. . . . . 3 fr. 50
Philosophie des deux Ampère, avec Préface de M. B. Saint-Hilaire. 2ᵉ édit. 1 vol. . . . . 3 fr. 50
Heures de poésie. Nouvelle édition. 1 vol. . . . . 3 fr. 50

AUBERTIN (CH.)
L'Esprit public au XVIIIᵉ siècle. (*Ouv. couronné par l'Académie française.*) 2ᵉ édit. 1 fort vol. . . . . 4 fr.
Sénèque et saint Paul. Étude sur les rapports supposés entre le philosophe et l'apôtre. (*Ouv. couronné par l'Acad. française*). 2ᵉ édit. 1 vol. . . . 3 fr. 50

AUBRYET (XAV.)
Les Représailles du Sens commun. 1 vol. . . . . 3 fr. 50

AUDIAT
Bernard Palissy. Étude sur sa vie et ses travaux. (*Ouv. couronné par l'Académie française.*) 1 vol. . . . . 3 fr. 50

AUDIGANNE
La Morale dans les Campagnes. 1 vol. . . . . 3 fr. 50

AUDLEY (Mᵐᵉ)
Franz Schubert. Sa vie, ses œuvres. Avec le Catalogue de ses pièces. 1 vol. 3 fr.
Beethoven, sa vie, ses œuvres. Avec le Catalogue. 1 vol. . . . . 3 fr.

AUGER (ED.)
Récits d'outre-mer. 1 vol. . . . . 3 fr.

D'AZEGLIO (MASSIMO)
L'Italie, de 1847 à 1865. Correspondance politique publiée par Eug. Rendu. 3ᵉ édition. 1 vol. in-12. . . . . 3 fr. 50

BADER (Mˡˡᵉ)
La Femme biblique, sa vie morale et sociale. 2ᵉ édit. 1 vol. . . . . . 3 fr. 50
La Femme grecque. (*Ouvrage couronné par l'Académie française*). 2ᵉ édition. 2 vol. . . . . 7 fr.

BABOU
Les Amoureux de Mᵐᵉ de Sévigné, etc. 2ᵉ édition. 1 vol. . . . . . . 3 fr.

BAGUENAULT DE PUCHESSE
L'Immortalité. — *La mort et la vie*. 3ᵉ édit. revue. 1 vol. . . . . 3 fr. 50

BAGUENAULT DE PUCHESSE (GUSTAVE)
Jean de Morvillier, évêque d'Orléans, garde des sceaux. Étude sur la politique française au XVIᵉ siècle. 2ᵉ édit. 1 vol. . . . . 3 fr. 50

BAILLON (COMTE DE)
Lettres d'Horace Walpole, pendant ses voyages en France. 2ᵉ édit. 1 vol. 3 fr. 50
Lord R. Walpole à la cour de France. 1723-1730. 2ᵉ édit. 1 vol. . . 3 fr. 50

BARET
Les Troubadours, et leur influence sur la littérature du midi 3ᵉ édition. 1 vol. . . . . 3 fr. 50

BARANTE
Études historiques et littéraires. Nouv. édit. 4 vol. . . . . 14 fr.
Royer-Collard. — Ses discours et ses écrits. Nouv. éd. 2 vol.(*sous presse*) 7 fr.
Histoire des ducs de Bourgogne Nouv. édit., illustrée de vign. 8 vol. 28 fr.
Tableau littéraire du XVIIIᵉ siècle. Nouv. édit. 1 vol. . . . . 3 fr. 50
Histoire de Jeanne d'Arc. *Édition populaire*. 1 vol. . . . . 1 fr. 25

BARTHÉLEMY (ED. DE)
Mesdames, filles de Louis XV. 2ᵉ édit. 1 fort vol. . . . . 4 fr.
La princesse de Condé, *Charlotte Catherine de la Trémoille*, 1 vol. 3 fr. 50
Journal d'un Curé ligueur de Paris, etc. 1 vol. . . . . 3 fr.
H. BAUDRILLART
Publicistes modernes. *Young, de Maistre, M. de Biran, Ad. Smith, L. Blanc, Proudhon, Rossi, Stuart-Mill*, etc. 2ᵉ édition. 1 vol. . . . . 3 fr. 5
BAUTAIN (L'ABBÉ)
Philosophie des lois au point de vue chrétien. 3ᵉ édit. 1 vol. . . . . 3 fr. 50
La Conscience, ou la Règle des actions humaines. 2ᵉ édit. 1 vol. . . . 3 fr. 50
BECQ DE FOUQUIÈRES
Aspasie de Milet. Étude historique et morale. 1 vol. . . . . 3 fr. 50
BENLOEW
Essais sur l'esprit des littératures. La Grèce et son cortège. 1 vol. 5 fr. 50
BENOIT
Chateaubriand, sa vie, ses œuvres. (*Ouv. cour. par l'Acad. franç.*) 1 vol. 3 fr.
BERSOT (ERN.)
Morale et politique. 2ᵉ édit. 1 vol. . . . . 3 fr. 50
Essais de philosophie et de morale. 2ᵉ édit. 2 vol. . . . . 7 fr.
BERTAULD
La Liberté civile. Nouvelles études sur les publicistes. 2ᵉ édit. 1 vol. 3 fr. 50
BERTRAND (GUSTAVE)
Les Nationalités musicales au point de vue du drame lyrique. 1 vol. 3 fr. 50
BEULÉ
Fouilles et Découvertes. 2ᵉ édit. 2 vol. . . . . 7 fr.
Histoire de l'Art grec avant Périclès. 2ᵉ édit. 1 vol. . . . . 3 fr. 50
Phidias. Drame antique. 2ᵉ édition. 1 vol. . . . . 3 fr. 50
Causeries sur l'art. 2ᵉ édit. 1 vol. . . . . 3 fr. 50
BLANCHECOTTE (Mᵐᵉ)
Tablettes d'une femme pendant la Commune. 1 vol. . . . . 3 fr. 50
Rêves et Réalités, etc. 3ᵉ édit. (*Ouv. cour. par l'Acad. franç.*) 1 vol. 3 fr.
Impressions d'une femme. (*Ouv. couronné par l'Acad. franç.*) 1 vol. 3 fr.
BONHOMME (HONORÉ)
Le dernier abbé de cour. 1 vol. . . . . 3 fr. 50
Madame de Maintenon et sa famille, etc. 1 vol. . . . . 3 fr.
BOILLOT
L'Astronomie au XIXᵉ siècle. Tableau des progrès de cette science jusqu'à nos jours. 2ᵉ édit., augm. d'une nouv. étude sur le *Soleil*. 1 vol. . . 3 fr. 50
BOUILLIER (FRANCISQUE)
Le Principe vital et l'âme pensante. 2ᵉ édit. revue et aug. 1 fort vol. 4 fr.
BROGLIE (ALB. DE)
L'Église et l'Empire romain au IVᵉ siècle. 3 parties en 6 vol. . . . 21 fr.
Nouvelles Études de littérature et de morale. 2ᵉ édit. 1 vol. . . . 3 fr. 50
BUNSEN (C.-C. J. DE)
Dieu dans l'histoire, trad. par Dietz, avec notice par Henri Martin. 2ᵉ éd. 1 vol. 4 fr.
CARNÉ (Cᵗᵉ L.)
Souvenirs de ma Jeunesse au temps de la Restauration. 2ᵉ édit. 1 v. 5 fr. 50
CELLER (LUD.)
Les Origines de l'Opéra et le Ballet de la Reine, 1581, etc. 1 vol. . 3 fr.
CENAC MONCAUT
Histoire des peuples et des États pyrénéens (France et Espagne), depuis l'époque celtiq. jusqu'à nos jours. 3ᵉ édit., augm. de l'étymologie des noms de lieux, etc. 4 vol. in-12 . . . . 16 fr.
CHAIGNET
La Vie et les écrits de Platon. 1 fort vol. . . . . 4 fr.
La Vie de Socrate. 1 vol. . . . . 5 fr.
CHAIGNOLLES (J. DE)
La Mort. *Étude philosophique et chrétienne* à l'usage des gens du monde. 2ᵉ édit. 1 vol. in-12 . . . . 3 fr.
CHAMBRIER (J. DE)
Marie-Antoinette, reine de France. 2ᵉ édit., revue. 2 vol. . . . . . 7 fr.
Un peu partout. *Du Danube au Bosphore.* 2ᵉ édit. 1 vol. . . . . . . 3 fr.
CHANTEPIE (ED.)
Le Personnage humain dans la nature et dans la cité. 1 vol. . . . . 3 fr.

CHASLES (PHILARÈTE)
Voyages d'un critique à travers la vie et les livres. 1re série, Orient. — 2e série, Italie et Espagne. 2e édit. vol. . . . . 7 fr.

CHASLES (ÉMILE)
Michel de Cervantes. Sa Vie, son temps. 2e édit. 1 vol. . . . . 3 fr. 50

CHASSANG
Le Spiritualisme et l'idéal dans l'art et la poésie des Grecs. 2e édit. 1 vol. 3 fr. 50
Apollonius de Tyane. Sa vie, ses voyages, ses prodiges par Philostrate et ses lettres, trad. du grec, avec notes, etc. 2e édit. 1 vol. . . . . 3 fr. 50
Histoire du Roman dans l'antiquité grecque et latine. (*Ouvrage couronné par l'Académie des inscriptions.*) Nouv. édit. 1 vol. . . . . 3 fr. 50

CHERRIER (CH. DE)
Histoire de Charles VIII, roi de France, d'après des docum. 2e édit. 2 vol. 7 fr.

CHESNEAU (ERNEST)
Les Nations rivales dans l'art. Peinture et Sculpture. 1 vol. . . . . 3 fr. 50
Les Chefs d'école. — La Peinture au xixe siècle. 1 vol. . . . . 3 fr. 50
L'Art et les Artistes modernes en France et en Angleterre. 1 vol. . . . 3 fr.

CLÉMENT (CHARLES)
Géricault. Étude biographique et critique. 2e édit. 1 vol. . . . . . . 3 fr. 50

CLÉMENT (PIERRE)
L'Abbesse de Fontevrault. G. de Rochechouart. 2e édit. 1 v., portr. 4 fr.
Madame de Montespan. 2e édition. 1 vol. . . . . 3 fr. 50
La Police sous Louis XIV. 2e édition. 1 vol. . . . . 3 fr. 50
L'Italie en 1671. Relation du marquis de Seignelay, etc. 1 vol. . . . 3 fr.
Enguerrand de Marigny. *Semblançay, le Chevalier de Rohan.* 2e édit. 1 v. 3 fr.
Jacques Cœur et Charles VII. Étude historique. etc. (*Ouv. couronné par l'Acad. française.*) Nouv. édit. 1 fort vol. . . . . 4 fr.

CLÉMENT (PIERRE) ET LEMOINE (ALFR.)
M. de Silhouette et les derniers fermiers généraux. 1 vol. . . . . . 3 fr.

COCHIN (AUG.)
Conférences et lectures. Lincoln, Ulysse Grant, Longfellow, Mme Craven, etc. 3e édit. 1 vol. . . . . 3 fr. 50

COSSOLLES (H. DE)
Du Doute. Introduction à l'apologie du Christianisme. 2e édit. 1 vol. 3 fr. 50

COUSIN (V.)
La Société française au XVIIe siècle, d'après le *Grand Cyrus* de Mlle Scudéry. Nouv. édit. 2 vol. . . . . 7 fr.
Jacqueline Pascal. Premières études, etc. 6e édit. 1 vol. . . . . . . 3 fr. 50
Madame de Sablé 3e édit. 1 vol. . . . . 3 fr. 50
La Jeunesse de madame de Longueville. 8e édition. 1 vol. . . . . 3 fr. 50
Madame de Longueville pendant la Fronde. 4e édit. 1 vol. . . . . 3 fr. 50
Madame de Chevreuse. 4e édition. 1 vol. . . . . 3 fr. 50
Madame de Hautefort. 3e édit. 1 vol. . . . . 3 fr. 50
Introduction à l'histoire de la Philosophie. (Cours de 1828.) 1 vol. . 3 fr. 50
Premiers essais de philosophie. (Cours de 1815.) Nouv. édit. 1 v. in-12. 3 fr. 50
Du vrai, du beau et du bien. 18e édit. 1 vol. . . . . 3 fr. 50
Philosophie sensualiste du XVIIIe siècle. Nouv. édit. 1 vol. . . . . 3 fr. 50
Histoire générale de la Philosophie, 9e édition, 1 vol . . . . . . 4 fr.
Philosophie de Locke (Cours de 1830.) Nouv. édit. 1 vol. . . . . . 3 fr. 50
Des Principes de la Révolution française, etc. Nouv. édit. 1 vol . 3 fr. 50

CRAVEN (Mme AUG.)
Fleurange. (*Ouv. couronné par l'Académie française*). 13e édit. 2 vol. 6 fr.
Récit d'une sœur, souvenirs de famille. (*Ouv. couronné par l'Académie française*). 27e édit. 2 vol. . . . . 8 fr.
Anne Séverin. 12e édit. 1 vol. . . . . 4 fr.
Adélaïde Capece Minutolo. 6e édit. 1 vol. . . . . 2 fr.
Le Comte de Montalembert. Étude. 1 vol. . . . . 2 fr.

DANTIER
L'Italie. Études historiques. 2e édition. 2 vol. . . . . 8 fr.
Les Monastères bénédictins d'Italie. Souvenirs, etc. (*Ouv. couronné par l'Académie française.*) 2e édition. 2 vol. . . . . 8 fr.

DAREMBERG
La Médecine. — *Histoire et doctrines.* (*Ouv. couronné par l'Académie française.*) 2e édit. 1 vol. . . . . 3 fr. 50

DE BROSSES (LE PRÉSIDENT)
Le Président de Brosses en Italie. Lettres familières écrites d'Italie, en 1739 et 1740. 3ᵉ édit. 2 vol. . . . . 7 fr.
DELAUNAY (FERD.)
Philon d'Alexandrie. *Écrits historiques.* Trad. et précédés d'une introd., 2ᵉ édit. 1 vol. . . . . 3 fr. 50
DELAVIGNE (CASIMIR)
Œuvres. *Théâtre et poésies.* 4 vol. . . . . 14 fr.
DELÉCLUZE (E. J.)
Louis David. Son école et son temps. Souvenirs. Nouv. éd. 1 vol. . . . 3 fr. 50
DELORME
César et ses contemporains. 1 vol. . . . . 3 fr. 50
DESJARDINS (ARTHUR)
Les Devoirs. Essai sur la morale de Cicéron. (*Ouv. cour. par l'Inst.*) 1 vol. 3 fr. 50
DESJARDINS (ALBERT)
Les Moralistes français au XVIᵉ siècle. (*Ouvrage couronné par l'Institut.*) 2ᵉ édition. 1 fort vol. . . . . 4 fr.
DESJARDINS (ERNEST)
Le Grand Corneille historien. Nouv. édit. 1 vol. . . . . 3 fr.
DESMAZE
Le Châtelet de Paris. Son organisation, etc. 2ᵉ édit., revue. 1 vol. . 3 fr. 50
DESNOIRESTERRES (G.)
Voltaire et la Société du XVIIIᵉ siècle. 4 séries ou vol. comme suit : 1ᵉ *La Jeunesse de Voltaire.* — 2ᵉ *Voltaire à Cirey.* — 3ᵉ *Voltaire à la cour.* — 4ᵉ *Voltaire et Frédéric.* 2ᵉ édition. Le vol. . . . . 4 fr.
D'HÉZECQUES (Cᵗᵉ DE FRANCE)
Souvenirs d'un page de la cour de Louis XVI, publiés par le Cᵗᵉ D'HÉZECQUES. 1 vol. . . . . 3 fr.
DIONYS
L'Ame. Son existence, ses manifestations. 1 vol. in-12 . . . . 3 fr. 50
DU CAMP (MAXIME)
Orient et Italie, souvenirs de voyages et de lectures. 1 vol. . . . . 3 fr. 50
DUMONT (ALB.)
Le Balkan et l'Adriatique, etc. 2ᵉ édition. 2 édit. 1 vol. . . . . . 3 fr. 50
L'Administration et la propagande prussiennes en Alsace. 1 vol. . . 3 fr.
DUPONT (LÉONCE)
La Commune et ses auxiliaires devant la Justice. 1 vol. . . . . . 3 fr.
ERNOUF (BARON)
Souvenirs de la Terreur. Mémoires d'un curé de campagne. 1 vol. . . . 3 fr.
Les Français en Prusse, 1807. D'après les documents contemp. 1 vol. 3 fr.
Le Général Kléber. Mayence, Vendée, Allemagne, Égypte. 1 vol. . . . 3 fr.
FALLOUX (Cᵗᵉ DE)
Madame Swetchine. *Sa vie et ses œuvres.* Nouv. édit. 2 vol., ornés d'un portrait. . . . . 8 fr.
Madame Swetchine. *Lettres complètes.* 4ᵉ édit. 3 forts vol. . . . . 12 fr.
Correspondance du R. P. Lacordaire et de Mᵐᵉ Swetchine. 7ᵉ éd. 1 v. 4 fr.
FEILLET (ALPH.)
La Misère au temps de la Fronde et saint Vincent de Paul. 1 vol. 3 fr. 50
FÉNELON
Aventures de Télémaque et d'Aristonoüs, précédées d'une Étude par M. VILLEMAIN. Nouv. édit., ornée de 24 vignettes. 1 vol. . . . . 3 fr.
FERRARI
La Chine et l'Europe. Leur histoire et leurs traditions comparées. 2ᵉ édit., 1 fort vol. . . . . 4 fr.
FERRAZ
Philosophie du devoir. (*Ouv. couronné par l'Acad. franç.*), 2ᵉ éd. 1 vol. 3 fr. 50
FEUGÈRE (LÉON)
Caractères et Portraits littéraires du XVIᵉ siècle. 2 vol. . . . . . 7 fr.
Les Femmes poètes du XVIᵉ siècle etc. 3ᵉ édit. 1 vol. . . . . . 3 fr. 50

FLAMMARION
Récits de l'Infini. — *Lumen*, etc. 4ᵉ édit. 1 vol. . . . . 3 fr. 50
Sir Humphry Davy. *Les derniers jours d'un philosophe.* Ouv. traduit de l'anglais et annoté par C. Flammarion. 3ᵉ édit. 1 vol. . . . . 3 fr. 50
Dieu dans la nature. 10ᵉ édit. 1 fort vol. avec portrait. . . . . 4 fr.
La Pluralité des mondes habités, au point de vue de l'astronomie, de la physiologie et de la philosophie naturelle. 20ᵉ édit. 1 vol. fig. . . . . . . 3 fr. 50
Les Mondes imaginaires et les Mondes réels. Voyage astronom., pittor. et Revue critique des théories sur les habitants des astres. 12ᵉ édit. 1 v. Fig. 3 fr. 50

FOURNEL (VICTOR)
La Littérature indépendante et les Ecrivains oubliés. Essais de critique et d'érudition sur le xviiᵉ siècle. 1 vol. . . . . 3 fr. 50

FRANCK (AD.)
Philosophie et Religion. 2ᵉ édit. 1 vol. . . . . 3 fr. 50

GAILLARD (LÉOPOLD)
Les Étapes de l'Opinion, 1871-1872. 1 vol. . . . . 3 fr. 50

GALITZIN (LE PRINCE AUG.)
La Russie au XVIIIᵉ siècle. Mémoires inédits sur Pierre le Grand, Catherine Iʳᵉ et Pierre III. 2ᵉ édition. 1 vol. . . . . 3 fr. 50

GANDAR
Bossuet orateur. (*Ouv. couronné par l'Acad. franç.*) 2ᵉ édit. 1 vol. . 3 fr. 50
Choix de Sermons de la jeunesse de Bossuet. 2ᵉ édit. 1 vol., fac-s. 5 fr. 50

GARCIN (EUG.)
Les Français du Nord et du Midi. 2ᵉ édit. 1 vol. in-12. . . . . 3 fr

GEFFROY
Gustave III et la Cour de France. (*Ouvrage couronné par l'Académie française.* 2ᵉ édit. 2 vol., ornés de portraits et fac-simile. . . . . 8 fr.

GERMOND DE LAVIGNE
Le Don Quichotte de F. Avellaneda. Trad. avec notes. 1 vol. . . . . . 3 fr

GÉRUZEZ
Histoire de la Littérature française depuis ses origines jusqu'à la Révolution. (*Ouv. cour. par l'Académie française,* 1ᵉʳ *prix Gobert.*) 10ᵉ édit. 2 vol. . . . 7 fr.

GIDEL
Les Français du XVIIᵉ siècle. 1 vol. . . . . 3 fr. 50

SAINT-MARC GIRARDIN
La Syrie en 1861. Condition des Chrétiens en Orient. 1 vol. . . . . . . 3 fr.
Tableau de la littérature française au XVIᵉ siècle. 5ᵉ édit. 1 vol. . 3 fr. 50

GOBINEAU (Cᵗᵉ DE)
Les Religions et les Philosophies dans l'Asie centrale. 2ᵉ édit. 1 vol. 4 fr.

GONCOURT (E. ET J. DE)
Histoire de la société française pendant la Révolution et pendant le Directoire. Nouvelle édition. 2 vol. in-12. . . . . 7 fr.

GRIMAUD DE CAUX
L'Académie des Sciences pendant le siège de Paris. Septembre 1870, février 1871. 1 vol. . . . . 3 fr.

GRUN
Pensées des divers âges de la vie. Nouv. édit. 1 vol. . . . . 3 fr.

GUADET
Les Girondins. Leur vie privée et publique, leur proscription et leur mort. 2ᵉ édit. 2 vol. . . . . 7 fr.

EUGÉNIE DE GUÉRIN
Journal et Fragments, publiés par Trebutien. (*Ouvrage couronné par l'Académie française.*) 29ᵉ édition. 1 vol. . . . . 3 fr. 50
Lettres d'Eugénie de Guérin. 17ᵉ édit. 1 vol. . . . . 3 fr. 50
Étude sur Eugénie de Guérin par Aug. Nicolas. Broch. . . . . 50 c.

MAURICE DE GUÉRIN
Journal, Lettres et Fragments, publiés par Trebutien, avec une Étude par M. Sainte-Beuve. 13ᵉ édit. 1 vol. . . . . 3 fr. 50

GUIZOT

Histoire de la Révolution d'Angleterre, depuis l'avénement de Charles I" jusqu'au rétablissement des Stuarts (1625-1660). 6 vol. en trois parties. . . . 21 fr.
Monk. Chute de la République, etc. Étude historique. 1 vol. . . . 3 fr. 50
Portraits politiques des hommes des divers partis : *Parlementaires, Cavaliers, Républicains, Niveleurs* ; études historiques. 1 vol. . . . . 3 fr. 50
Sir Robert Peel. Étude d'hist. contemp. augm. de docum. inéd. 1 vol. 3 fr. 50
Essais sur l'Histoire de France, etc. Nouv. édit. 1 vol. . . . . . 3 fr. 50
Histoire de la civilisation en Europe et en France, depuis la chute de l'Empire romain, etc. 12e édit. 5 vol. 17 fr. 50
Corneille et son temps. Étude littéraire suivie d'un *Essai sur Chapelain, Rotrou et Scarron*, etc. Nouv. édit. 1 vol. . . . . 3 fr. 50
Méditations et Études morales. Nouv. édit. 1 vol. . . . . 3 fr. 50
Études sur les Beaux-Arts en général. Nouv. édit. 1 vol. . . . . 3 fr. 50
Discours académiques ; *Discours prononcés au Concours général*, etc. 1 v. 3 fr. 50
Abailard et Héloïse. Essai historique par M. et Mme Guizot, suivi des *Lettres d'Abailard et d'Héloïse*, trad. par M. Oddoul. Nouv. édit. 1 vol. . . 3 fr. 50
Histoire de Washington, par M. C. DE WITT, avec une Introduction par M. GUIZOT. Nouv. édit. 1 vol. avec carte. . . . . 5 fr. 50
Grégoire de Tours et Frédégaire. — HISTOIRE DES FRANCS ET CHRONIQUE, trad. Nouv. édit. revue et augmentée de la *Géographie de Grégoire de Tours et de Frédégaire*, par M. ALFRED JACOBS 2 vol. . . . . 7 fr.
Cet ouvrage est autorisé pour les Écoles publiques.
Shakspeare. Œuvres complètes. 8 vol. . . . . 28 fr.

GUIZOT (GUILLAUME)

Ménandre. Étude historique et littéraire sur la Comédie et la Société grecques. (*Ouvrage couronné par l'Académie française*.) 1 vol. avec portrait. . . . 3 fr. 50

A. HAYEM

Le Mariage. (*Mention honorable de l'Acad. des sciences morales*.) 1 v. 3 fr. 50

HAYEM (JULIEN)

Le Repos hebdomadaire. (*Ouv. cour. par l'Ac. des Sciences mor.*) 1 vol. 3 fr.

HÉRICAULT (CH. D')

Thermidor. *Paris et la Banlieue en 1794*. 2 vol. . . . . 6 fr.

HIPPEAU

L'Instruction publique aux États-Unis. 2e édit. 1 fort vol. . . . 4 fr
L'Instruction publique en Angleterre. 1 vol. . . . . 1 fr. 25
L'Instruction publique en Allemagne. 1 vol. . . . . 5 fr. 50

HOEFER F.)

L'Homme devant ses œuvres. 1 vol. . . . . 3 fr. 50

HOMMAIRE DE HELL (Mme)

A travers le monde. — *La vie orientale. — La vie créole.* 1 vol. . . . 3 fr. 50
Les Steppes de la mer Caspienne. 2e édition. 1 volume . . . . . 3 fr. 50

HOUSSAYE (ARSÈNE)

Les Charmettes. *J.J. Rousseau et Madame de Warens*. Nouv. éd. 1 v. port. 3 fr. 50

HOUSSAYE (HENRY)

Histoire d'Apelles. Études sur l'art grec. 3e édit. 1 vol. . . . . . 3 fr. 50

HUREL (ABBÉ)

Les Orateurs sacrés à la cour de Louis XIV. 2e édit. 2 vol. . . . 7 fr.
L'Art religieux contemporain. Étude critique. 2e édition. 1 vol. . . 3 fr. 50
Pécheurs et Pécheresses de l'Évangile. 1 vol. in-12. . . . . 2 fr.

J. JANIN

La Poésie et l'Éloquence à Rome au temps des Césars. Nouv. éd. 1 vol. . 3 fr. 50

JANOLIN (CH.)

L'Aïeul. Du but et des principales carrières de la vie. 1 vol. . . . . 3 fr.

JOHANET (H.)

Une Descente aux enfers. — *Le golfe de Naples. Virgile et le Tasse.* Avec une carte des enfers. 1 vol. 3 fr.

JOUBERT

Œuvres : *Pensées et correspondance* avec notice par P. DE RAYNAL, et de jugements littéraires par SAINTE-BEUVE, SAINT-MARC GIRARDIN, DE SACY, GÉRUZEZ et POITOU. Nouv. édit. 2 vol. . . . . 7 fr.

JULIEN (STANISLAS)
Yu-kiao-li. — *Les Deux cousines.* — roman chinois. 2 vol.. . . . . 7 fr.
Les Deux jeunes Filles lettrées. Roman traduit du chinois. 2 vol. . . . 7 fr.
LAGRANGE (Mme DE)
Laurette de Malboissière. Correspondance d'une jeune fille du temps de Louis XV. 1 vol. . . . . 3 fr. 50
LAGRANGE (LÉON)
Pierre Puget, peintre, sculpteur, etc. 2e édit. 1 vol. . . . . 3 fr. 50
Joseph Vernet et la Peinture au XVIIIe siècle 2e édit. 1 vol. . . . . . 3 fr. 50
LA MENNAIS
Correspondance de La Mennais, publ. par M. Forgues Nouv. édit. 2 v. 7 fr.
LA MORVONNAIS
La Thébaïde des Grèves. — *Reflets de Bretagne.* Nouv. édit. 1 vol. 3 fr. 50
LANNAU-ROLLAND
Michel-Ange et Vittoria Colonna. Étude suivie de la traduct. complète des poésies de Michel-Ange. Nouv. édit. 1 vol. . . . . 3 fr.
LA BORDE IE (ARTH. DE)
Les Bretons insulaires et les Anglo-saxons, du Ve au VIIe siècle. 1 vol. 3 fr.
LA PILORGERIE (J. DE)
Campagne et Bulletins de la grande armée d'Italie commandée par Charles VIII, d'après des documents rares ou inédits. 1 vol. . . . . 3 fr. 50
LAPRADE (VICTOR DE)
Poëmes civiques. 2e édit. 1 vol. . . . . 3 fr. 50
L'Éducation libérale. — L'Hygiène, la morale, les études. 1 vol. . . 3 fr. 50
Harmodius. Tragédie. 1 vol. . . . . 2 fr.
Pernette, poëme. 5e édit 1 vol. . . . . 3 fr. 50
Le Sentiment de la nature av. le christian. et chez les mod. 2e éd. 2 vol. 7 fr.
Questions d'Art et de Morale. Nouv. édit. 1 vol. . . . . 3 fr. 50
LA TOUR (ANT. DE)
Espagne. Traditions, Mœurs et littérature. 1 volume . . . . 3 fr. 50
LE BLANT (ED.)
Manuel d'Épigraphie chrétienne, d'après les marbres de la Gaule. 1 vol.. 3 fr.
LEBRUN (PIERRE)
Œuvres poétiques et dramatiques Nouv. édit. 4 vol. . . . . 14 fr.
LÉGER (LOUIS)
Le Monde slave. Voyages et littérature. 1 vol. . . . . 3 fr. 50
LEGOUVÉ
Théâtre complet, en vers. 1 vol. . . . . 3 fr. 50
Histoire morale des Femmes. 5e édition. 1 vol. . . . . 3 fr. 50
Édith de Falsen, etc. 7e édit. 1 vol. . . . . 3 fr.
LÉLUT
Physiologie de la pensée. Nouv. édit 2 vol. in-12. . . . . 7 fr.
LEMOINE (ALBERT)
L'Ame et le Corps. Études de philosophie morale et naturelle. 1 vol. . 3 fr. 50
L'Aliéné devant la philosophie, la morale et la société. 2e édit. 1 vol. . . 3 fr. 50
LENORMANT (CH.)
Essais sur l'Instruction publique, publiés par son fils. 1 vol. . . . 3 fr. 50
LENORMANT (FR.)
Turcs et Monténégrins. 1 vol. in-12. . . . . 3 fr. 50
LÉPINOIS (H. DE)
Le Gouvernement des papes et les révolutions. 2e édit. 1 vol. . . . 3 fr. 50
LESCŒUR (LE PÈRE)
La Science du Bonheur. 1 vol. 3 fr. 50
LESSING
Dramaturgie de Hambourg. Trad. de L. Crouslé et Suckau, avec une Étude par M. Mézières. 2e édit. 1 vol . . . . 4 fr.
Lessing et Kotzebue. Théâtre choisi. Trad. Barante et Frank. 2e édition. 1 vol. . . . . 4 fr.
J. LEVALLOIS
Sainte-Beuve, 1 vol. . . . . 3 fr.
Études de philosophie littéraire. 1 vol . . . . 3 fr.
LEVY (DANIEL)
L'Autriche-Hongrie. Ses institutions et ses nationalités. 1 vo. . . . . 3 fr.

LITTRÉ
La Science au point de vue philosophique. 5ᵉ édit. 1 fort vol. . . . 4 fr.
Médecine et médecins. 2ᵉ édit. 1 vol. . . . . 4 fr.
Histoire de la langue française. 6ᵉ édit. 2 vol. . . . . 7 fr.
Études sur les Barbares et le moyen âge. 2ᵉ édit. 1 vol. . . . . 3 fr. 50

LIVET (CH. L.)
Précieux et Précieuses. Caractères du xviiᵉ siècle. 2ᵉ édit. 1 vol. . . . 5 fr. 50

LOISELEUR (J.)
Ravaillac et ses complices, etc. Questions historiques du XVIᵉ siècle. 1 v. 3 fr. 50

LOPE DE VEGA
Œuvres dramatiques. Trad. d'Eug. Baret. 2 vol. . . . . 7 fr.

LOVE (J.H.)
Le Spiritualisme rationel à propos des moyens d'arriver à la connaissance, etc. 1 vol. . . . . 3 fr. 50

LUBOMIRSKI (PRINCE JOS.)
Un nomade. Safar-Hadei. 1 vol. . . . . 3 fr.
Scènes de la vie militaire en Russie. 2ᵉ édit. 1 vol. . . . . 3 fr.

LUCAS
Le Procès du matérialisme. Étude philosophique. 1 vol. . . . . . . 3 fr.

MARGERIE (A. DE)
Théodicée. Études sur Dieu, etc. 3ᵉ édit. 2 vol. . . . . 7 fr.
La Restauration de la France. 3ᵉ édition. 1 vol. . . . . 3 fr. 50
Philosophie contemporaine. — Cousin. — Ravaisson. — Les Matérialistes etc. 1 vol. . . . . 3 fr. 50

MARMIER (XAV.)
Souvenirs d'un voyageur. (*Amérique-Allemagne*). 1 vol. . . . . . 3 fr. 50

MARTIN (TH. HENRY)
Les Sciences et la Philosophie. Critique philos. et relig. 1 fort vol. 4 fr. »
Galilée. Les droits de la science, etc. 1 vol. . . . . 3 fr. 50
La Foudre, l'Électricité et le Magnétisme chez les anciens. 1 vol. 3 fr. 50

MARY *** (Dʳ)
Le Christianisme et le Libre Examen. Discussion critique des arguments apologétiques. 2ᵉ édition. 2 vol. . . . . 7 fr. »

MATTER
Le Mysticisme au temps de Fénelon. 2ᵉ édit. 1 vol. . . . . 3 fr. 50
Saint-Martin, le Philosophe inconnu, etc. 2ᵉ édition. 1 vol. . . . . 3 fr. 50
Swedenborg, sa vie, sa doctrine, etc. 2ᵉ édition. 1 vol. . . . . . 3 fr. 50

MATHIEU
Histoire des Convulsionnaires de St-Médard. 1 vol. . . . . 3 fr.

MAURY (ALFRED)
Les Académies d'autrefois. *Académie des sciences, Académie des inscriptions.* 2ᵉ édition. 2 vol. in-12. . . . . 7 fr. »
Croyances et légendes de l'antiquité. 2ᵉ édition. 1 vol. . . . . . 3 fr. 50
La Magie et l'Astrologie dans l'antiquité et au moyen âge. 3ᵉ éd. 1 vol. 3 fr. 50
Le Sommeil et les Rêves. 3ᵉ édit. revue et augm. 1 vol. . . . . . 3 fr. 50

MAZADE (CH. DE)
Lamartine, sa vie politique et littéraire. 1 vol. . . . . 3 fr. »
Les Révolutions de l'Espagne contemporaine. 1 vol. . . . . 3 fr. 50

MEAUX (VICOMTE DE)
La Révolution et l'Empire, 1789-1815. 2ᵉ édit. 1 vol. in-12. . . . 3 fr. 50

MENARD
La Sculpture ancienne et moderne. (*Ouvr. cour. par l'Acad. des Beaux-Arts.* 2ᵉ édition. 1 volume. . . . . 3 fr. 50
Tableau historique des Beaux-Arts, depuis la Renaissance. (*Ouvr. cour. par l'Acad. des Beaux-Arts.*) 2ᵉ édition. 1 vol. . . . . 3 fr. 50
Hermès Trismégiste, traduction et étude. 2ᵉ édition. 1 vol. . . . . 3 fr. 50

MENNESSIER-NODIER (Mᵐᵉ)
Charles Nodier. Épisodes et souvenirs de sa vie. 1 vol. . . . . . . 3 fr.

MERCIER DE LACOMBE (CH.)
Henri IV et sa politique (*Ouvrage couronné par l'Académie française, 2ᵉ prix Gobert.*) Nouv. édit. 1 vol. . . . . 3 fr. 50

MERLET (G.)

Portraits d'hier et d'aujourd'hui. 4 séries. — 1° *Réalistes et Fantaisistes.* 1 vol. — 2° *Attiques et Humoristes.* 1 vol. — 3° *Femmes et livres.* 1 vol. — 4° *Hommes et livres.* 1 vol. — 4 vol. à . . . . 3 fr

MÉZIÈRES

Gœthe. Les œuvres expliquées par la vie. 2° édition. 2 vol. . . . . 7 fr.
Récits de l'Invasion. *Alsace et Lorraine.* 1 vol. . . . . 2 fr. 50
La Société française. — Études morales sur le temps présent. . . . . 1 fr. 25
Pétrarque. Étude d'après de nouveaux documents. (*Ouvrage couronné par l'Académie française.*) 2° édit. 1 vol. . . . . 3 fr. 50

MICHAUD (L'ABBÉ)

Guillaume de Champeaux et les écoles de Paris au xii° siècle. 2° éd. 1 vol. 3 fr. 50
L'Esprit et la Lettre dans la piété et la foi. 2 vol . . . . 6 fr

MIGNET

Éloges historiques, faisant suite aux *Portraits et Notices.* 1 vol. . . 3 fr. 50
Charles-Quint, SON ABDICATION, SON SÉJOUR ET SA MORT AU MONASTÈRE DE YUSTE. 7° édit. 1 vol. . . . . 3 fr. 50
Histoire de la Révolution française. 10° édit. 2 vol. . . . . 7 fr. »

MOLAND (LOUIS)

Les Méprises. Comédies de la Renaissance racontées. 1 vol. . . . . 3 fr. 50
Molière et la Comédie italienne. 2° édit. 1 joli vol. illustré de 20 tyeps. 4 fr.
Origines littéraires de la France. 2° édit. 1 vol. . . . . 3 fr. 50

MONTALEMBERT

De l'Avenir politique de l'Angleterre. 6° édit. augmentée. 1 vol. . . . 3 fr. 50

MOREAU DE JONNÈS

L'Océan des anciens et les Peuples préhistoriques. 1 vol. . . . . 3 fr. 50

MOUY (CH. DE)

Don Carlos et Philippe II (*ouv. cour. par l'Acad. franç.*). 1 vol. . . 3 fr. 50

MAX MULLER

Essais sur la mythologie comparée, etc. 2° édition. 1 vol. . . . . . 4 fr.
Essais sur l'Histoire des religions. 2° édition. 1 vol. . . . . 4 fr.

NIGHTINGALE (MISS)

Des Soins à donner aux malades, etc. Trad. de l'anglais avec une lettre de M. Guizot et une Introduction par le D' Daremberg. 1 vol. . . . . . . 3 fr.

NOURRISSON (F.)

L'ancienne France et la Révolution. 1 vol. . . . . 3 fr. 50
Tableau des progrès de la pensée humaine depuis Thalès jusqu'à Hegel. 4° édit. augm. 1 vol. . . . . 4 fr.
Philosophie de saint Augustin (*ouv. cour. par l'Institut*). 2° édit. 2 vol. 7 fr.
La Politique de Bossuet. 1 vol. . . . . 3 fr.
Spinosa et le Naturalisme contemporain. 1 vol. . . . . 3 fr.
Portraits et Études. Histoire et Philosophie. Nouv. édit. 1 vol. . . . . 3 fr.

D'ORTIGUE (J.)

La Musique à l'église. Philosophie, littérat., critique musicale. 1 vol. . 3 fr. 50

PAPILLON (F.)

La Nature et la Vie. *Faits et doctrines.* 2° édition. 1 vol. . . . . . 3 fr. 50

PELLISSIER

Précis d'histoire de la Langue française depuis son origine jusqu'à nos jours. 2° édit. revue et augmentée de *textes anciens.* 1 vol. . . . . . 3 fr

PENGUER (M**)

Les Chants du foyer. Poésies. 2° édition. 1 vol. . . . . 3 fr. 50
Révélations poétiques. 2° édit. 1 vol. . . . . 3 fr. 50

PEZZANI (A.)

La Pluralité des existences de l'âme conforme à la doctrine de la Pluralité des Mondes ; opinions des philosophes anciens et modernes. 6° éd. 1 vol. . . 3 fr. 50
Philosophie nouvelle. 1 vol. . . . . 2 fr

PIERRON (ALEXIS)

Voltaire et ses Maîtres. Épisode de l'histoire des humanités en France. 1 vol. 3 fr.

PIOGER (ABBÉ)
Le dogme chrétien et la pluralité des mondes. 1 vol. avec pl. . . . 4 fr.
PLUTARQUE
Œuvres morales. Traduction de Ricard. 5 vol. . . . . 17 fr. 50
PRELLER
Les Dieux de l'ancienne Rome. — Mythologie romaine, traduction par L. Dietz, avec préface de M. Alf. Maury. 2ᵉ édition. 1 fort vol. . . . . . . 4 fr.
PRIVAT
Les Idoles du Jour. Roman moral. 1 vol. . . . . 2 fr.
PUYMAIGRE (TH DE)
Chants populaires recueillis dans le pays messin, et annotés. 1 fort vol. . 4 fr.
RAMBAUD
Les Français sur le Rhin, 1792-1804. La domination française en Allemagne. 1 vol. . . . . 3 fr. 50
L'Allemagne sous Napoléon Iᵉʳ (1804-1811). 1 vol. . . . . 3 fr. 50
RANGABÉ
Le prince de Morée. Traduction autorisée. 1 vol. . . . . 3 fr
RAYNAUD (M.)
Les Médecins au temps de Molière. — Mœurs. — Institutions. — Doctrines Nouv. édition. 1 vol. . . . . 3 fr. 50
RÉAUME.
Les Prosateurs français du XVIᵉ siècle. 2ᵉ édit. 1 vol. . . . . 4 fr.
REMUSAT (CH. DE)
Lord Herbert de Cherbury. Sa vie et ses œuvres, etc. 1 vol. . . . . 3 fr. 50
Saint Anselme de Cantorbery. 2ᵉ édition. 1 volume. . . . . 5 fr. 50
Bacon, sa vie, son temps et sa philosophie. 1 vol. . . . . 3 fr. 50
L'Angleterre au XVIIIᵉ siècle. Études et Portraits. 2 vol. . . . 7 fr. »
Critiques et Études littéraires. Nouv. édition. 2 vol. . . . . 7 fr. »
***
Channing. Sa vie et ses œuvres, préface de M. de Rémusat. 1 vol. . . . 3 fr. 50
La Vie de village en Angleterre, ou Souvenirs d'un exilé. 1 v. . . . 3 fr. 50
RENDU (AMB.)
Les avocats d'autrefois. 1 vol. . . . . 3 fr.
Souvenirs de la Mobile. Campagne de Paris. 1 vol. . . . . 2 fr. 50
REYNALD (H.)
Mirabeau et la Constituante. (Ouvr. cour. par l'Acad. franç.) 1 vol. 3 fr. 50
ROCQUAIN (F.)
État de la France au 18 brumaire, d'après les rapports inédits. 1 vol. . 4 fr.
RONDELET (ANT.)
La Morale de la Richesse. 1 vol. . . . . 3 fr. 50
Du Spiritualisme en économie politique. (Ouvrage couronné par l'Académie des sciences morales.) 2ᵉ édit. 1 vol. . . . . 3 fr. 50
ROUSSET (C.)
La Grande Armée de 1813. 1 vol. . . . . 3 fr. 50
Les Volontaires. 1791-1794. 3ᵉ édit. 1 vol. . . . . 3 fr. 50
Le Comte de Gisors. Étude historique. 2ᵉ édition. 1 vol. . . . . 3 fr. 50
Histoire de Louvois et de son administration, etc. (Ouvrage couronné par l'Académie française, 1ᵉʳ prix Gobert.) Nouvelle édition. 4 vol. in-12. . 14 fr.
SACY (S. DE)
Variétés littéraires, morales et historiques. Nouv. édit. 2 vol. . . . . . 7 fr.
SAINTE-AULAIRE (Mᵐᵉ DE)
La Chanson d'Antioche, composée par Richard le Pèlerin, trad. 1 vol. 3 fr.
SAINT-HILAIRE (BARTH.)
Le Bouddha et sa religion. 3ᵉ édit. revue et corrigée. 1 vol. . . . . 3 fr. 50
Mahomet et le Coran. 2ᵉ édit. 1 vol. . . . . 3 fr. 50
SAISSET
Descartes, ses Précurseurs, ses Disciples. 2ᵉ édition. 1 vol. . . . 3 fr. 50
Le Scepticisme. Ænésidème, Pascal, Kant, etc. 2ᵉ édit. 1 vol. . . . 3 fr. 50

SALVANDY
Don Alonso, ou l'Espagne. Histoire contemporaine. Nouv. édit. 2 vol. . . . 7 fr.
SCHILLER
Œuvres dramatiques complètes. Traduction de M. de Barante, revue par M. de Suckau. 3 vol. in-12 . . . . 10 fr. 50
SCHNITZLER
La Russie en 1812. — *Rostoutchine et Kutusof.* Nouv. édit. 1 vol. . . . . 3 fr.
SÉGUR
Histoire universelle. Ouv. adopté par l'Université. 8e édit. 6 vol. in-12. 18 fr.
— **Histoire ancienne.** Nouv. édit. 2 vol. . . . . 6 fr.
— **Histoire romaine.** Nouv. édit. 2 vol. . . . . 6 fr.
— **Histoire du Bas-Empire.** Nouv. édit. 2 vol. . . . . 6 fr.
SELDEN (CAMILLE)
L'Esprit moderne en Allemagne. 1 vol. . . . . 3 fr.
SHAKSPEARE
Œuvres complètes. Traduction de M. Guizot. 8 vol. in-12 . . . . . . 28 fr.
SAINT-RENÉ TAILLANDIER
Bohême et Hongrie. Tchèques et Magyars, etc., 2e édit. 1 vol. . . . . 3 fr. 50
Drames et romans de la vie littéraire. 1 vol. . . . . 3 fr.
ALEX. SOREL
Le Couvent des Carmes et le Séminaire Saint-Sulpice pendant la Terreur 2e édit. 1 vol. avec fig. . . . . 3 fr. 50
THIERRY (AMÉDÉE)
Saint-Jean Chrysostome et l'impératrice Eudoxie. 2e édit. 1 vol. . . . 4 fr.
Histoire des Gaulois depuis les temps les plus reculés jusqu'à l'entière domination romaine. Nouv. édit. 2 vol. . . . . 7 fr.
Histoire de la Gaule sous la domination romaine, jusqu'à la mort de Théodose. 3e édit. 2 vol. . . . . 7 fr.
Histoire d'Attila et de ses successeurs en Europe. 5e éd. 2 vol. . . . . . 7 fr.
Tableau de l'Empire romain, etc. Nouv. édit. 1 vol. . . . . 3 fr. 50
Récits de l'Histoire romaine au Ve siècle. Derniers temps de l'empire d'Occident. Nouv. édit. 1 vol. . . . . 3 fr. 50
THURET (Mme)
Le comte d'Elcairet. 1 vol. . . . . 3 fr.
TONNELLE (ALF.)
Fragments sur l'art et la philosophie, suivis de notes et de pensées diverses, recueillis et publiés par Heinrich. 3e édit. 1 vol. . . . . 3 fr. 50
TOPIN (MARIUS)
L'Europe et les Bourbons sous Louis XIV. (*Ouvrage couronné par l'Académie française :* Prix Thiers.) — 2e édit. 1 vol. . . . . 3 fr. 50
L'Homme au masque de fer. (*Ouvrage couronné par l'Académie française.*) 4e édit. 1 vol. . . . . 3 fr. 50
VALBEZEN (E. D.)
La Veuve de l'Hetman. 1 vol. . . . . 3 fr
VALROGER (H. DE)
La Genèse des Espèces. Études phil. et relig. sur les naturalistes. 1 v. 3 fr. 50
VILLEMAIN
La République de Cicéron, trad. avec une introd. et des Suppl. hist. 1 v. 3 fr. 50
Choix d'Études sur la littérature contemporaine : *Rapports académiques. Études sur Chateaubriand, A. de Broglie, Nettement,* etc. 1 vol. . . . . . . 3 fr. 50
Cours de Littérature française, comprenant : le *Tableau de la Littérature au XVIIIe siècle* et le *Tableau de la Littérature au moyen âge.* Nouvelle édition. 6 vol. in-12 . . . . 21 fr.
Tableau de l'éloquence chrétienne au IVe siècle, etc. Nouv. éd. 1 vol. 3 fr. 50
Discours et Mélanges littéraires : *Éloges de Montaigne et de Montesquieu.* — *Rapports et Discours académiques.* Nouv. édit. 1 vol. . . . . . . 3 fr. 50
Études de Littérature ancienne et étrangère : Nouv. édit. 1 vol. 3 fr. 50
Études d'Histoire moderne. Nouv. édit. 1 vol. . . . . 3 fr. 50
Souvenirs contemporains d'Histoire et de Littérature. 2 vol. in-12. 7 fr.
— Première partie : **M. de Narbonne**, etc. Nouv. édit. 1 vol. . . . . 3 fr. 50
— Deuxième partie : **Les Cent-Jours.** Nouv. édit. 1 vol. . . . . . . 3 fr. 50

VILLEMARQUÉ (H. DE LA)

Barzaz Breiz. Chants populaires de la Bretagne, recueillis et annotés 7ᵉ édit. (*Ouvr. couronné par l'Académie française.*) 1 vol. avec musique. 4 fr.
Le Grand Mystère de Jésus, drame breton du moyen âge, avec une Étude sur le théâtre celtique. 2ᵉ édit. 1 vol. . . . . 3 fr. 50
La Légende celtique et la Poésie des Cloîtres bretons. Nouv. édit. 1 vol. 3 fr. 50
L'Enchanteur Merlin (Myrdhinn). Son histoire, ses œuvres. 1 vol. 3 fr. 50

WIDAL (A.)

Juvénal et ses Satires. Études littéraire et morale. 2ᵉ édit. 1 vol. . . 3 fr. 50

WADDINGTON (CH.)

Dieu et la Conscience. 2ᵉ édit. 1 vol. in-12. . . . . 3 fr. 50

WITT (C. DE)

Études sur l'histoire des États-Unis d'Amérique. 2 vol. in-12. . . . 7 fr.
— **Histoire de Washington** et de la fondation de la République des États-Unis, avec une Étude par M. Guizot. Nouv. édit. 1 vol. avec carte. . . . . 3 fr. 50
— **Th. Jefferson.** Étude sur la démocratie américaine. Nouv. édit. 1 vol. 3 fr. 50

WOGAN (B DE)

Du Far West à Bornéo. 1 vol. . . . . 3 fr.

ZELLER

Les Tribuns et les Révolutions en Italie. 1 vol. . . . . 3 fr. 50
Les Empereurs romains. Caractères et portraits. 3ᵉ édit. 1 vol. in-12 3 fr. 50
Entretiens sur l'histoire. — Antiquité et moyen-âge (*Ouvrage couronné par l'Académie française.*) 2 vol. . . . . 7 fr.
Entretiens sur l'histoire. — Italie et Renaissance. fort vol. . . . . 4 fr.

H. BAILLIÈRE

Henri Regnault (1843-1871). 1 vol. in-16 Elzév. avec u dessin à la plume. 2 fr. 50

COLLECTION POUR LES BIBLIOTHÈQUES POPULAIRES
à 1 fr. 25 et 1 fr. 50 le volume

Le chancelier de l'Hopital, par Villemain. 1 vol.
Vie de Franklin, par Mignet. 1 vol.
Histoire de Jeanne d'Arc, par M. de Barante. 1 vol.
Sully, par Legouvé. 1 vol.
Vie de Copernic, par C. Flammarion. 1 vol.
Vercingétorix et l'Indépendance gauloise, par Fr. Monnier. 1 vol.
Les grandes Figures nationales et les héros du peuple, par Preseau. 2 vol.
La Centralisation et ses effets, par Odilon Barrot. 1 vol.
L'Organisation judiciaire en France, par Odilon Barrot 1 vol.
La Réforme électorale en France, par Ern. Naville. 1 vol.
Shakspeare et son temps. par Guizot. 1 vol. in-12.
Le Cardinal de Retz, par Marius Topin. 1 vol.
Le Cardinal de Bérulle, par Nourrisson. 1 vol. in-12.
La Souveraineté nationale, par Nourrisson. 1 vol.
L'Instruction publique en Angleterre, par Hippeau. 1 vol.
Les Théories de l'Internationale, par G. Guéroult. 1 vol.
La Société française, par Mézières. 1 vol. in-12.
L'Éducation homicide, par V. de Laprade. 1 vol. in-12.
Le Baccalauréat et les études classiques, par V. de Laprade. 1 vol. in-12
Les idées subversives de notre temps. par Ch. Louandre. 1 vol.
Tableau du Monde physique. Excursions à travers la science, par N. Jacquinet. Nouvelle édition revue. 1 vol. in-12. . . . . 2 fr.
Au Village. Conquêtes rurales d'un commandant, par Mˡˡᵉ Mélanie Bourotte. 1 vol. in-12. . . . . 2 fr. 50

BIBLIOTHÈQUE DES DAMES ET DES DEMOISELLES
Format in-12
(Cette collection se trouve également reliée tr. dorée, rouge ou bleue. Ajouter 2 fr. pour la reliure.)

Mme CRAVEN
Récit d'une sœur, 2 vol. . . . 8 fr.
Anne Séverin. 1 vol. . . . . 4 fr.
Adelaïde Capece Minutolo. 1 v. 2 fr.
Fleurange. 2 vol. . . . . . 6 fr.

Mme SWETCHINE
Sa Vie et ses œuvres, publiées par M. DE FALLOUX. 2 vol. avec port. 8 fr.

MAURICE ET EUGÉNIE DE GUÉRIN
Journal, lettres et poëmes. 3 vol. à . . . . 3 fr. 50

ROSA FERRUCCI
Sa vie et ses lettres, trad. avec une étude par M. l'abbé LEMONNIER. 2e éd. 1 vol. . . . . 3 fr.

MARY O'NELYA
Lettres d'une jeune irlandaise à sa sœur. 1 vol. . . . . . . 3 fr.

Mme D'ARMAILLÉ
Marie-Thérèse et Marie-Antoinette. 2e édition. 1 vol. . . . . 3 fr.
Catherine de Bourbon. 1 vol. 3 fr.
La reine Marie Leckzinska. 1 v. 2 f.

Mme MARIE JENNA
Enfants et Mères, poésies. 1 v. 3 fr.

Mlle CL. BADER
La Femme biblique. 2 éd 1 v. 3 fr. 50
La Femme grecque. 2 vol. . . 7 fr.

P^{sse} CANTACUZÈNE
Tante Agnès. 1 vol. . . . . 3 fr.

Mme N. GUILLON
L'Entrée dans le monde, simples récits. 2e édit. 1 vol. . . . 3 fr.
Cinq années de la vie des jeunes filles. 1 vol. . . . . . . 3 fr.
Projets de jeunes filles. Claire Duquenois, etc. 1 vol. . . . . 3 fr.

ANT. RONDELET
Le Lendemain du mariage. 2e édit. 1 vol. . . . . 3 fr.
Le Danger de plaire, etc. 1 v. 3 fr.
L'Éducation de la 20e année. Lettres de ma cousine Nathalie. 1 vol. 3 fr.

MASSON (MICHEL)
Les Historiettes du père Broussailles. 1 vol. . . . . . . 3 fr.
Les Gardiennes. 1 vol. . . . 3 fr.
Lectures en famille. Scènes du foyer domestique. 1 vol. . . . . 3 fr.

Mme ROGRON
Le Choix de Suzanne. 1 vol. 3 fr.

Mlle BENOIT
Françoise, la vocation d'une chrétienne. 1 vol. . . . . . 3 fr.

Mme FERTIAULT
L'Éducation du cœur. Causeries et conseils d'une mère. 1 vol. . 3 fr.

F. FERTIAULT
Les féeries du travail. Conférences sur les travaux de dames. 1 vol. 3 fr.

Mme GAGNE MOREAU
Nancy Vallier. 1 vol. . . . . 3 fr.
Mémoires d'une Sœur de charité. 1 vol. . . . . 3 fr.

Mme GABRIELLE D'ÉTHAMPES
Isabelle aux blanches mains. Chronique bretonne. 1 vol. . . . 3 fr.

Mlle AUG. COUPEY
L'Orpheline du 41e. 1 vol. . 3 fr.

Mlle GUERRIER DE HAUPT
Marthe. (Ouv. cour. par l'Académie française). 3e édit. 1 vol. . 3 fr.
Forts par la foi. 1 vol. . . . 3 fr.

Mme LENORMANT
Quatre Femmes au temps de la révolution. (Ouv. couronné par l'Académie franç). 2e édit. 1 vol. 3 fr.

EUG. MULLER
Récits champêtres (Couronné par l'Académie franç.). 1 vol. . . 3 fr.

HIPP. AUDEVAL
Paris et province ; deux histoires de notre temps. 1 vol. . . . . 3 fr.

MILA (Ctesse DE)
Linda. 1 vol. . . . . 3 fr.

Mme THURET
Belle mère et belle fille. 2e édition. 1 vol. . . . . 3 fr

Mlle THÉRÈSE ALPH. KARR
La fille du Cordier. Histoire Irlandaise, trad. de GRIFFIN. 1 vol. 3 fr.

J. DE CHAMBRIER
Marie-Antoinette, reine de France. 2e édit. 2 vol. . . . . . . 7 fr.

Mme DE WITT
Charlotte de la Trémoille, comtesse de Derby. 1 vol. . . . . . 3 fr. 50

E. JONVEAUX
Le sacrifice de Paul Wynter, imité de mistr. DUFFUS HARDY. 1 vol. 3 fr.

Mme MARIE SEBRAN
Rousou. Histoire du village. 1 v. 3 fr.
Journal d'une mère pendant le siège de Paris. 1 vol. . . . 3 fr.

Mme KRAFFT BUCAILLE
Le secret d'un dévouement 1v. 3 fr.

AUG. DE BARTHÉLEMY
Pierre le Peillarot (1789-1795). 1 vol. . . . . 5 fr.

Mme TASTU
Lettres choisies de Madame Sévigné, avec notes et son éloge. 1 v. 3 fr

BIBLIOTHÈQUE D'ÉDUCATION MORALE
Première série à 3 fr. le vol. broché, 4 fr. 50 relié

Mᵐᵉ LA PRINCESSE DE BROGLIE
Les Vertus chrétiennes. — Les Vertus théologales et les Commandements de Dieu. Ouvrage approuvé par Mgr l'Archevêque de Paris. 2 vol. in-12, illustrés de lithographies et de vignettes.

Mᵐᵉ DE WITT, NÉE GUIZOT
Le Cercle de famille. 1 vol. in-12. Orné de gravures.
Les Petits Enfants, contes. 1 vol. in-12, orné de gravures.
Contes d'une Mère à ses Enfants. 1 vol. in-12, orné de gravures.
Une Famille à la campagne. 1 vol. in-12, orné de lithographies, etc.
Une Famille à Paris. 1 vol. in-12, orné de lithographies et vignettes.
Promenades d'une Mère, ou les douze Mois. 1 vol. in-12, orné de lithogr., etc.
Hélène et ses Amies, histoire pour les jeunes filles, traduit de l'anglais. 1 vol. orné de lithographies.
Scènes d'histoire et de famille. (*Ouv. couronné par l'Acad. franç.*) 1 vol. in-12.

DE GÉRANDO ET Bⁿᵉ DELESSERT
Les Bons exemples, nouvelle morale en action. — *Charité et Dévouement.* 1 vol. in-12, illustré de jolies vignettes de J. David.
— 2ᵉ série : *Courage et Humanité.* 1 vol. in-12, illustré de jolies vignettes de J. David.

MICHEL MASSON
Les Enfants célèbres, histoire des enfants qui se sont immortalisés par le malheur, la piété, le courage, le génie, etc. Nouvelle édition. 1 vol. in-12, orné de grav. et vignettes.

ARMAND DUBARRY
L'Alsace-Lorraine en Australie. Histoire d'une famille d'émigrants dans le continent austral. 1 joli vol. orné de gravures.

Deuxième série à 2 fr. le vol. broché, 3 fr. 50 relié

Mᵐᵉ GUIZOT
L'Écolier, ou Raoul et Victor. (*Ouvrage couronné par l'Académie française.*) 12ᵉ édition. 2 vol. in-12, 8 vignettes.
Une Famille, par Mᵐᵉ Guizot, ouvrage continué par Mᵐᵉ A. Tastu. 7ᵉ édition. 2 vol. in-12, 8 vignettes.
Les Enfants. Contes pour la jeunesse. 10ᵉ édition. 2 vol. in-12, 8 vignettes.
Nouveaux Contes pour la jeunesse. 9ᵉ édition. 2 vol. in-12, 8 vignettes.
Récréations morales. Contes. 10ᵉ édit. 1 vol. in-12, 4 vign.
Lettres de Famille sur l'éducation. (*Ouvrage couronné par l'Académie française.*) 5ᵉ édition. 2 vol. in-12. . . . . 6 fr.

Mᵐᵉ F. RICHOMME
Julien et Alphonse, ou le Nouveau Mentor. (*Ouvrage couronné par l'Académie française.*) 1 vol. in-12, 6 lithographies.

ERNEST FOUINET
Souvenirs de Voyage en Suisse, en Grèce, en Espagne, etc., ou Récits du capitaine Kernoel, destinés à la jeunesse. 1 vol. in-12 avec 6 lithographies.

Mᵐᵉ L. BERNARD
Les Mythologies racontées à la jeunesse. 5ᵉ édition. 1 vol. in-12, orné de gravures d'après l'antique.

Mˡˡᵉ C. DELEYRE
Contes pour les enfants de 5 à 7 ans. Nouv. édit. revue par Mᵐᵉ F. Richomme. 1 vol. in-12, avec jolies lithographies.
Contes pour les enfants de 7 à 10 ans. Nouv. édit. revue par Mᵐᵉ F. Richomme. 1 vol. in-12, avec jolies lithographies.

BERQUIN
L'Ami des Enfants. Édition complète. 2 vol. in-12. 32 figures.

BIBLIOTHÈQUE D'ÉDUCATION MORALE

Mlle ULLIAC-TRÉMADEURE

Les Jeunes Naturalistes. Entretiens familiers sur les *animaux*, les *végétaux* et les *minéraux*. 5e édition. 2 vol. in-12, ornés de 32 vignettes.
Claude, ou le Gagne-Petit. (*Ouv. cour. par l'Acad. fr.*) 2e édit. 1 v. in-12. 4 vign.
Étienne et Valentin, ou Mensonge et Probité. (*Ouvrage couronné.*) 3e édition. 1 vol. in-12. 4 vignettes.
Les Jeunes Artistes. Contes sur les beaux-arts. Nouv. édit. 1 vol. in-12. 4 vig.
Contes aux jeunes Naturalistes sur les animaux domestiques. 5e édition. 1 vol. in-12. 4 vignettes.
Émilie, ou la jeune Fille auteur. 1 vol. in-12. 4 vignettes.

Mme A. TASTU

Les Récits du Maître d'école imités de César Cantu. 1 vol. in-12. 4 vignettes.
Les Enfants de la vallée d'Andlau, notions familières sur la religion, les merveilles de la nature, etc., par Mmes Voïart et A. Tastu. 2 vol. in-12. 8 vignettes.
Lectures pour les Jeunes Filles. Modèles de littérature en *prose* et en *vers*, extraits des Écrivains modernes. 2 vol. in-12. 8 portraits.
Album poétique des jeunes Personnes, ou Choix de poésies, extrait des meilleurs auteurs. 1 vol. in-12, 4 portraits.

Mme DELAFAYE-BRÉHIER

Les Petits Béarnais. Leçons de morale. 12e édition. 2 vol. in-12. 8 vignettes.
Les Enfants de la Providence, ou Aventures de trois orphelins. 6e édition, revue par Mme F. Richomme. 2 vol. in-12. 8 vignettes.
Le Collége incendié, ou les Écoliers en voyage. 6e édit. 1 vol. in-12. 4 vign.

Mme ÉL. MOREAU-GAGNE

Voyages et aventures d'un jeune Missionnaire en Océanie, etc. 1 vol. in-12. 4 lithographies.

FERTIAULT

Les Voix amies. Enfance, jeunesse, raison. Poésies. 1 vol. in-12.

BUFFON

Le Petit Buffon illustré. Histoire naturelle des *Quadrupèdes*, des *Oiseaux*, des *Insectes* et des *Poissons*; extraite de Buffon, Lacépède, Olivier, etc., par le bibliophile Jacob. 4 vol. gr. in-32, ornés de 325 figures gravées sur acier. 6 fr.
— Le même, avec les 325 figures coloriées avec soin. . . . . 10 fr.

BERQUIN

Œuvres complètes de Berquin, renfermant *l'Ami des Enfants et des Adolescents*, *le Livre de famille*, *Sandford et Merton*, etc. 4 vol. in-8, format anglais, illustrés de 200 vignettes. . . . . 10 fr.

Mme TASTU

Le premier Livre de l'Enfance. Lecture et écriture. Extrait de *l'Éducation maternelle*. 1 vol. de 80 pages, grand in-8, illustré de 100 vignettes, cartonné. . . . . 2 fr.

MICHEL MASSON

Les Enfants célèbres. Histoire des enfants qui se sont immortalisés par le malheur, la piété, le courage, le génie et les talents. Nouvelle édition. 1 beau vol. grand in-8, illustré de très-jolies lithographies et de vignettes sur bois. 8 fr.

Mme GUIZOT

L'Amie des Enfants. Petit Cours de morale en action, comprenant tous les Contes de Mme Guizot. Nouvelle édition, enrichie de *Moralités* en vers, par Mme Élise Moreau. 1 fort vol. grand in-8, illustré de belles gravures. . . 8 fr.
L'Écolier, ou Raoul et Victor. (*Ouvrage couronné par l'Académie française.*) Nouvelle édition. 1 joli vol. grand in-8, illustré de belles lithographies. . 8 fr.

ÉDUCATION MATERNELLE

Par Mme Tastu. *Simples leçons d'une mère à ses enfants*, sur la lecture, l'écriture, l'arithmétique, la grammaire, la mémoire, la géographie, l'histoire sainte, etc. Nouvelle édition, imprimée avec luxe, illustrée de 500 jolies vignett. et cart. coloriées. 1 vol. gr. in-8, papier jésus glacé............ 14 fr.

PERNETTE

PAR V. DE LAPRADE, DE L'ACADÉMIE FRANÇAISE

Édition illustrée de 27 beaux dessins de J. Didier, gravés sur bois, et d'un beau portrait en taille-douce. 1 beau vol. grand in-8, papier vélin, glacé. 9 fr.

CONTES ALLEMANDS DU TEMPS PASSÉ

Extraits des recueils des frères Grimm, de Simrock, de Bechstein, de Musæus, de Tieck, Hoffmann, etc., etc., avec la légende de Lorcley, traduits par Félix Frank et E. Alsleben, avec une préface de M. Laboulaye, de l'Institut. 1 beau vol. gr. in-8, illustré de 25 vignettes de Gostiaux................ 8 fr

PITRE-CHEVALIER

La Bretagne ancienne depuis son origine jusqu'à sa réunion à la France. Nouvelle édition. 1 beau vol. grand in-8, illustré par MM. A. Leleux, Penguilly et T. Johannot, de plus de 200 belles vignettes sur bois, gravures sur acier, types et cartes coloriés. (*Épuisé.*)

La Bretagne moderne depuis sa réunion à la France jusqu'à nos jours. *Histoire des États et des Parlements, de la Révolution dans l'Ouest, des guerres de la Vendée*, etc., illustrée par MM. Leleux, Penguilly et T. Johannot. 1 beau vol. grand in-8, orné de plus de 200 vignettes sur bois, gravures sur acier, types et cartes coloriés.................... 15 fr

HERBIER DES DEMOISELLES

Traité de la Botanique présentée sous une forme nouvelle et spéciale, contenant la description des plantes et les classifications, l'exposé des plantes les plus utiles; leur usage dans les arts et l'économie domestique et les souvenirs historiques qui y sont attachés; les règles pour herboriser; la disposition d'un herbier; etc., etc., par Ed. Audouit, édit. revue par le Dr Hoefer. 1 v. in-8, *illustré* de 335 jolies vignettes coloriées.................. 10 fr.
— Le même ouvrage. 1 vol. in-12, avec les grav. noires........ 5 fr
— — grav. coloriées............ 7 fr. 50

ATLAS DE L'HERBIER DES DEMOISELLES

Dessiné par Belaife, gravé et colorié avec soin. Joli album in-4...... 16 fr.
— Le même, avec les gravures noires............. 10 fr

La Suisse illustrée. Description et histoire de ses vingt-deux cantons, par MM. de Chateauvieux, Duboghet, Francini, Monnard, Meyer de Knonau, H. Zschokke, etc.; *illustrée* de 52 jolies vues gravées sur acier et carte. 1 v. gr. in-8 jésus. Nouvelle edit................... 10 fr.

Les Jeux anciens. Leur description, leur origine, leurs rapports avec la religion, les arts et les mœurs, par L. Becq de Fouquières. 2e édit. illustrée de gravures sur bois d'après l'antique. 1 vol. grand in-8....... 8 fr.

Les villes de Thuringe, Weimar, Erfurt, Iéna, Gotha, Cobourg, Eisenach, etc. Excursion pittoresque et historique dans l'Allemagne centrale, par Ed. Humbert, professeur. 1 vol. gr. in-8, illustré de nombreuses gravures sur bois. . 10 fr.

Le Jeu de Paume. Son histoire et sa description. Notice par Ed. Fournier, suivie d'*un traité de la Courte Paume et de la Longue Paume*, etc., etc. 1 vol. in-4, pap. de Hollande, avec 16 pl. photographiées. Cart. à l'anglaise. . 15 fr.

OUVRAGES DE NAPOLÉON LANDAIS

Grand Dictionnaire général des Dictionnaires français, résumé de tous les dictionnaires, par N. Landais, 14ᵉ édition, revue et augmentée d'un *Complément* de 1,200 pages. 3 vol. réunis en 2 vol. grand in-4 de 3,000 pages . . . . . 36 fr.
Ce dictionnaire contient la nomenclature exacte des mots usuels et *académiques*, archaïques et *néologiques, artistiques, géographiques, historiques, industriels, scientifiques*, etc., la conjugaison de tous les verbes irréguliers, la prononciation figurée des mots, les étymologies savantes, la solution de toutes les questions grammaticales, etc.
Complément du Grand Dictionnaire de Napoléon Landais, pour les onze premières éditions, par une société de savants sous la direction de MM. D. Chésurolles et L. Barré. 1 fort vol. in-4 de près de 1,200 pages à 3 colonnes. . 15 fr.
Grammaire générale des Grammaires françaises, présentant la solution de toutes les questions grammaticales, par N. Landais. 6ᵉ édit. 1 vol. in-4. . 9 fr.
Petit Dictionnaire des Dictionnaires français, par N. Landais. Ouvrage *entièrement refondu*, et offrant, sur un nouveau plan, la nomenclature complète, la prononciation nécessaire, la définition claire et précise et l'*étymologie* vraie de tous les mots du vocabulaire usuel et littéraire, et de tous les termes scientifiques, artistiques et industriels de la langue française, par M. Chésurolles. 1 très-joli vol. in-32 de 600 pages . . . . 1 fr. 50
Dictionnaire des Rimes françaises, disposé dans un ordre nouveau d'après la distinction des rimes en *suffisantes, riches et surabondantes*, etc., précédé d'un *Traité de Versification*, etc., par N. Landais et L. Barré. 1 vol. in-32. . 1 fr. 50

DICTIONNAIRE UNIVERSEL DES SYNONYMES

De la langue française, par M. Guizot. 7ᵉ édition. 1 vol. in-8, 12 fr., relié, 15 fr.

DICTIONNAIRE DE TOUS LES VERBES

De la langue française tant *réguliers qu'irréguliers*, entièrement conjugués, sous forme synoptique, précédé d'une théorie des verbes et d'un traité des participes, etc. d'après nos grands écrivains; par MM. Verlac et Litais de Gaux, etc. 1 beau vol. in-4. Nouv. édit. . . . . 10 fr.

VERGANI. Grammaire italienne en 20 leçons, augm. de nouv. leçons par Moretti et revue par Brunetti. 22ᵉ édit. in-12. . . . . 1 fr.

DICTIONNAIRE DE MÉDECINE USUELLE

A *l'usage des gens du monde*, des chefs de famille et des grands établissements, des administrateurs, des magistrats, des officiers de police judiciaire, et enfin de tous ceux qui se dévouent au soulagement des malades.
Par une société de Membres de l'Institut, de l'Académie de médecine, de Professeurs, de Médecins, d'Avocats, d'Administrateurs et de Chirurgiens des hôpitaux : Andrieux, Andry, Blache, Blandin, Bouchardat, Bourgery, Gaffe, Capitaine, Carron du Villards, Chevalier, Cloquet (J.), Colombat, Cottereau, Couverchel, Cullerier (A.), Deleau, Devergie, Donné, Fauret, Fiard, Furnari, Gerdy, Gilet de Grammont, Gras (Albin), Larrey (H.), Lagasquie, Landouzy, Lélut, Leroy d'Etiolles, Lesueur, Magendie, Marc, Marchesseaux, Martins, Miquel, Olivier (d'Angers), Orfila, Paillard de Villeneuve, Pariset, Plisson, Sanso (A.), Royer-Collard, Trébuchet, Toirac, Velpeau, Vée, etc. Publié sous la direction du docteur Beaude, médecin inspecteur des eaux minérales, membre du Conseil de salubrité. 2 forts vol. in-4 . . . . 24 fr.
Demi-reliure dos de chagrin. . . . . 30 fr

LE CORPS DE L'HOMME

Traité complet d'anatomie et de physiologie humaine, suivi d'un *Précis des Systèmes* de Lavater et de Gall; à l'usage des gens du monde, des médecins et des élèves, par le docteur Galet. 1 vol. in-4, *illustré* de plus de 400 figures dessinées d'après nature et lithographiées. . . . . 90 fr.

ÉTUDE SUR LA GÉOGRAPHIE HISTORIQUE DE LA GAULE
AU MOYEN AGE
Par M. Max Deloche, de l'Institut. (*Ouvrage couronné par l'Académie des Inscriptions.*) 1 vol. in-4 de 540 pages, accompagné de 2 cartes. . . . . . . 16 fr.

ÉPIGRAPHIE GALLO-ROMAINE DE LA MOSELLE
Étude par Charles Robert, de l'Institut 1re partie : Monuments élevés aux Dieux 1 vol. in-4 avec 5 planches photograv . . . . 15 fr.

LE NORD DE L'AFRIQUE DANS L'ANTIQUITÉ
GRECQUE ET ROMAINE
Étude historique et géographique par M. Vivien de Saint-Martin. Ouvrage couronné en 1860 par l'Académie des inscriptions et belles-lettres. 1 vol. grand in-8, accompagné de 4 cartes. . . . . 12 fr.

LES EMPORIA PHENICIENS
DANS LE ZEUGIS ET LE BYZACIUM (Afrique septentrionale)
Recherches sur leur origine et leur emplacement faites par ordre de Napoléon III, par A. Daux, ingénieur civil. . vol gr. in-8, accomp. de 10 plans et vues. 10 fr.

MÉMOIRES ARCHEOLOGIQUES

Études de mythologie grecque *Ulysse et Circé. Les Sirènes*, par J.-F. Cerquand, inspecteur d'Académie. in 8

Saint-Clément de Rome. Description de la Basilique souterraine, récemment découverte, par Th. Roller. Grand in-8, avec 9 planches . . . . . . 6 fr.

La cathédrale de Strasbourg, remarques archéologiques, par Alb. Dumont. Grand in-8. . . . . 1 fr. 50

Restitution de la basilique de Saint-Martin de Tours d'après Grégoire de Tours et les autres textes anciens, par J. Quicherat. Gr. in 8 avec pl. . . 5 fr.

La stèle de Dhiban ou *stèle de Mesa*, lettres à M. de Vogué, par C. Clermont-Ganneau. In-4 avec planches . . . . 5 fr.

Fragments d'une description de l'île de Crète. par Thénon. Gr. in-8. 3 fr.

Gargantua. Essai de mythologie celtique par H. Gaidoz. Gr. in 8. . . . 1 fr. 50

Recension nouvelle du texte de l'Oraison funèbre d'Hypéride, etc., par H. Caffiaux. Gr. in-8 . . . . 5 fr.

État de la médecine entre Homère et Hippocrate, par Ch. Daremberg. Grand in-8. . . . . 5 fr.

La médecine dans Homère, par Ch. Daremberg. Gr. in-8 avec pl. . 5 fr.

Cavernes du Périgord. Notes sur des figures gravées ou sculptées d'animaux remontant aux temps primordiaux de la période humaine, par MM. Lartet et Chrity. Grand in-8 avec figures. . . . . 2 fr. 50

Mémoires sur les provinces romaines et sur les listes qui nous en sont parvenues, par Théod. Mommsen, avec un appendice par Ch. Müllenhoff, trad. par Em. Picot. Grand in-8 avec carte. . . . . 3 fr.

Carte de la Gaule de Peutinger, avec de nouvelles observations par M. Alfred Maury. Grand in-8 avec carte. . . . . 2 fr. 50

Carte de la Gaule sous le proconsulat de César. Examen des observations critiq. auxquelles cette carte a donné lieu, par Creuly. in-8 de 100 p. 2 fr. 50

Les Voies romaines en Gaule. Voies des itinéraires. Résumé du travail des commissions de la topographie des Gaules, par Alex. Bertrand. Gr. in-8. 2 fr. 50

La Nouvelle table d'Abydos, par Aug. Mariette. Gr. in-8 avec une pl. 3 fr. 50

Sur les tombes de l'Ancien Empire que l'on trouve à Saqqarah, par Aug. Mariette. Grand in-8, 3 planches. . . . . 3 fr.

Observations sur le texte de Joinville et la lettre de Jean-Pierre Sarazin, par Ch. Corraro. Grand in-8. . . . . 3 fr. 50

Nouvel essai sur les Inscriptions gauloises, par Ad. Pictet. Gr. in-8. 3 fr.

La Chronologie biblique fixée par les éclipses des inscriptions cunéiformes, par J. Oppert. Grand in-8. . . . . 2 fr.

Noms propres, anciens et modernes. Études d'onomatologie comparée, par R. Mowat. Grand in-8. . . . . 3 fr.

Un poëme de la fin du IVe siècle retrouvé par M. Léopold Delisle, recherches par M. Ch. Morel. Grand in-8. . . . . 1 fr. 50

Le passage d'Annibal du Rhône aux Alpes, par l'abbé Ducis. In-8 de 110 pages. . . . . 2 fr. 50

TRÉSOR
DE NUMISMATIQUE ET DE GLYPTIQUE

RECUEIL GÉNÉRAL DES MÉDAILLES, MONNAIES, PIERRES GRAVÉES,
BAS-RELIEFS, ORNEMENTS, ETC.

Tant anciens que modernes, les plus intéressants sous le rapport de l'art et de l'histoire, gravé par les procédés de M. ACHILLE COLLAS, sous la direction de MM. PAUL DELAROCHE, peintre; HENRIQUEL DUPONT, graveur; CH. LENORMANT, de l'Institut, etc.

20 PARTIES OU VOLUMES IN-FOLIO
comprenant plus de 1,000 planches accompagnées d'un texte historique et descriptif.

Prix : 1,260 fr.

I
- Numismatique des Rois grecs. 1 v.
- Nouvelle Galerie mythologique 1 v.
- Bas-reliefs du Parthénon, etc. 1 v.
- Iconographie des Empereurs romains et de leurs familles. . 1 v.

II
- Histoire de l'Art monétaire chez les modernes . . . . . . 1 v.
- Choix historique des Médailles des Papes . . . . 1 v.
- Recueil de Médailles italiennes, XVe et XVIe siècle. . . . . 2 v.
- Recueil de Médailles allemandes, XVIe et XVIIe siècle. . . . . 1 v.
- Sceaux des Rois et Reines d'Angleterre. . . . . 1 v.

III
- Sceaux des Rois et des Reines de France. . . . . 1 v.
- Sceaux des grands feudataires de la couronne de France . . 1 v.
- Sceaux des communes, communautés, évêques, barons et abbés . . . . 1 v.
- Histoire de France par les Médailles :
  1re de Charles VII à Henri IV. 1 v.
  2e de Henri IV à Louis XIV 1 v.
  3e de Louis XIV à 1789 . 1 v.
  4e Révolution française. . . 1 v.
  5e Empire français. . . . . 1 v.

IV
- Recueil général de Bas-reliefs et d'Ornements. . . . . . . 2 v.

ŒUVRE DE DAVID (D'ANGERS)

Collection de 125 portraits contemporains gravés par les procédés de M. ACH. COLLAS, d'après les médaillons du célèbre artiste. Chaque portrait séparément. . . . . 75 c.

Portraits de Washington, de Napoléon Ier, de Louis-Philippe, gravés d'après les procédés de M. ACH. COLLAS. In-folio, chacun. . . . . . . 3 fr.

Bas-reliefs du Parthénon et du temple de Phigalie, disposés suivant l'ordre de la composition originale et gravés d'après les procédés d'ACH. COLLAS. 1 joli album in-4 oblong, contenant 20 planches et un texte de 40 pages, par CH. LENORMANT de l'Institut, cartonné élégamment à l'anglaise. . . . 15 fr.

NOUVELLE COLLECTION
DE MÉMOIRES RELATIFS A L'HISTOIRE DE FRANCE

DEPUIS LE XIIIe SIÈCLE JUSQU'A LA FIN DU XVIIIe SIÈCLE

Précédés de notices, etc., par MM. MICHAUD et POUJOULAT, avec la collaboration MM. Champollion, Bazin, etc.

34 vol. gr. in-8 jésus à 2 col., illustrés de plus de 100 portraits sur acier

Prix : 300 fr.

JOURNAL DES SAVANTS

COMPOSITION DU BUREAU :

M. LE MINISTRE DE L'INSTRUCTION PUBLIQUE, *Président.*

Assistants

M. GIRAUD, de l'Académie des sciences morales.
M. NAUDET, de l'Académie des inscriptions et des sciences morales.
M. CLAUDE BERNARD, de l'Académie des sciences.
M. PATIN, de l'Académie française.
M. DE LONGPÉRIER, de l'Acad. des inscrip. et belles lettres.
M. RENAN, de l'Académie des inscriptions et belles lettres.

Auteurs

M. CHEVREUL, de l'Académie des sciences.
M. MIGNET, de l'Acad. fr. et des sc. morales.
M. B. SAINT-HILAIRE, de l'Ac. des sc. mor.
M. LITTRÉ, de l'Acad. franç. et des inscript.
M. FRANCK, de l'Acad. des sciences morales.
M. J. BERTRAND, de l'Acad. des sciences.
M. Alf. MAURY de l'Académie des inscript.
M. DE QUATREFAGES, de l'Acad. des scien.
M. EGGER, de l'Académie des inscriptions.
M. CARO, de l'Acad. des sciences morales.
M. LÉVÊQUE, de l'Acad. des sciences mor.

CONDITIONS DE L'ABONNEMENT

Le *Journal des Savants* paraît chaque mois par cahiers de 8 feuilles in-4. Le prix de l'abonnement est de 36 fr. par an pour Paris, et de 40 fr. pour les départements. Chaque année forme 1 volume. Il reste encore quelques exemplaires de la collection en 57 vol. au prix de 855 fr. On peut avoir ensemble ou séparément les années depuis 1830 jusqu'en 1873 au prix de 25 fr.

REVUE ARCHÉOLOGIQUE

OU

RECUEIL DE DOCUMENTS ET DE MÉMOIRES RELATIFS A L'ÉTUDE DES MONUMENTS
A LA NUMISMATIQUE ET A LA PHILOLOGIE

DE L'ANTIQUITÉ ET DU MOYEN AGE

PUBLIÉS PAR

**MM. de Longpérier, F. de Saulcy, Alfred Maury, Ravaisson,
Renier, Brunet de Presle, Miller, Egger, Beulé,**
Ed. Le Blant, Membres de l'Institut; **Viollet-le-Duc**, Architecte du Gouvernement;
le général Creuly, A. Bertrand, Chabouillet, de la Société
des Antiquaires de France.
A. Mariette, Deveria, Conservateurs du Musée du Louvre;
J. Quicherat, Perrot, Heuzey, Wescher, Dumont, de l'École d'Athènes, etc.

ET LES PRINCIPAUX ARCHÉOLOGUES FRANÇAIS ET ÉTRANGERS

MODE ET CONDITIONS DE L'ABONNEMENT

La *Revue archéologique* paraît chaque mois par cahiers de 64 à 80 pages grand in-8, qui forment, à la fin de chaque année, deux volumes ornés de planches gravées sur acier et de gravures sur bois intercalées dans le texte.

Prix : Paris : Un an, 25 fr. — Départements : Un an, 28 fr.

Les années 1860 à 1873, formant les 26 premiers volumes de la nouvelle série, coûtent chacune 25 fr.

PARIS. — IMP. SIMON RAÇON ET COMP., RUE D'ERFURTH, 1.

www.ingramcontent.com/pod-product-compliance
Lightning Source LLC
Chambersburg PA
CBHW070259100426
42743CB00011B/2266